Serie: ¡Levántate mujer!

Liderazgo

Libro 4

Mónica Tornoé

Serie: ¡Levántate mujer!

Liderazgo

Libro 4

Mónica Tornoé

Liderazgo

1ª edición

ISBN: 978-1-7363504-3-0

Para conectarse con la autora: www.monicatornoe.com

A menos que se indique, las citas bíblicas se tomaron de la versión Nueva Versión Internacional (NVI). Los subrayados y negritas son énfasis de la autora.

Edición: Luis Manoukian
luismanoukian@gmail.com

Diseño de tapa: Wood Squareart
Diseño interior: Julieta Valle in

Impreso en EE. UU.
Printed in EE. UU.

CONTENIDO

INTRODUCCIÓN

No vamos a vivir para siempre. Ninguna de nosotras, por mucho que nos cuidemos, lo hará. Cuando nos vayamos de este mundo, no podremos llevarnos absolutamente nada, lo único que dejaremos es nuestro legado. Y, como cristianas, ¿qué legado queremos dejar?

Cuando navegamos en un tema tan importante como el del liderazgo cristiano debemos diferenciarlo del liderazgo del mundo, que se ve tan diferente.

Desafortunadamente, casi sin pensarlo la iglesia ha adoptado el modelo de liderazgo del mundo, con niveles de jerarquía, posición y poder, y hemos dejado a un lado el modelo de liderazgo que nos vino a modelar nuestro Señor Jesús.

Quizás nosotros, así como los israelitas que esperaban al Mesías y querían a un rey con destello de poder y autoridad que los librara de la opresión, también queramos lo mismo. El modelo del líder sirviente tal vez no nos sea tan apetecible, pues a los ojos del mundo no demuestra destello de poder ni representa majestuosidad. ¿Qué hay de poderoso en servir a otros? Como seres humanos preferiríamos que otros nos sirvan y nosotros dar instrucciones en un liderazgo desde una posición de jerarquía y poder.

El liderazgo de la iglesia se encuentra en crisis pues no hemos adoptado el modelo que Jesús nos enseñó. Jesús vino a traernos cambios radicales, y ha sido el mejor líder que ha existido en la tierra y nos modeló el concepto radical del líder sirviente.

Jesús, ha sido y será nuestro líder máximo y nuestro modelo a seguir, pero su liderazgo es radical. Él vino a modelarnos un liderazgo muy diferente del que nos demuestra el mundo, el del **líder sirviente**. Él lavó los pies a los discípulos, sirvió a los necesitados y se despojó de toda realeza y autoridad para mostrarnos lo que es en verdad amarnos y servirnos los unos a los otros.

Jesús sabía que el tiempo de su ministerio era limitado, que él tendría que partir de este mundo, por lo que preparó y equipó para la obra a los doce discípulos para que ellos continuaran su obra. Es importante mencionar que no preparó a un número grande, sino a un número pequeño, a sus doce discípulos (de los que quedaron solamente once), a los que Jesús dedicó su atención y enseñanzas.

Para entrenarlos y equiparlos, Jesús utilizó estrategias que hemos abandonado en el mundo individualista en el que vivimos, como la de enviar a sus discípulos de dos en dos para hacer el trabajo. Esto enfatiza la importancia de las relaciones, de cómo nos necesitamos los unos a los otros, que juntos podemos lograr más y mejores resultados, y que dos son mejor que uno. Al mismo tiempo, esta estrategia sirve para afilarnos, instruirnos y guiarnos las unas a las otras, lo que nos ayuda a crecer y a mantenernos en el camino de Dios.

El modelo de Jesús no se apoya en las cantidades, sino que la calidad de lo que hagamos impactará más que la cantidad. Gracias a su buen liderazgo los once propagaron el evangelio y extendieron el reino de Dios en la tierra. Gracias al trabajo arduo de sus discípulos, así como a su valor, convicción y fe, es que hoy está a nuestro alcance la palabra de Dios.

Los discípulos que Jesús entrenó se han ido también, pero nuestra labor continúa. Los cristianos fieles con mentalidad del reino continúan pasando la antorcha a otros para que los que venimos detrás podamos conocer la palabra de Dios y ser salvos. Nuestra labor como cristianos, no terminará nunca hasta cuando Dios mismo nos llame.

En el Instituto María y Marta, queremos trabajar mucho en el tema del liderazgo, pues como mencioné, el liderazgo se encuentra en crisis. Además, no hemos sabido cómo levantar más y mejores líderes, por lo que esto se ha convertido en uno de nuestros objetivos: levantar más mujeres líderes con una base de educación teológica sólida.

De manera personal, quiero asegurarme de que todo el trabajo que hemos hecho con el Instituto María y Marta, dé fruto y continúe más allá de nuestras vidas y más mujeres continúen en la enseñanza de la Palabra y levantando a otras. Es por eso que nos extendimos a realizar los programas de radio y videos en las redes sociales, y ahora elaboramos esta serie de libros que abarcan temas fundamentales para el desarrollo y crecimiento de toda mujer líder.

Dice la Palabra: "la mies es mucha y los obreros pocos". La necesidad de líderes es muy grande, especialmente dentro de nuestra comunidad latina. Debemos invertir en las personas, equiparlas y prepararlas, para levantar más líderes que sigan el modelo de Jesús, sabiendo que, al hacerlo, estamos invirtiendo en la propagación del reino de Dios en la tierra.

INSTRUCCIONES PARA LA LECTURA DE ESTA SERIE DE LIBROS

La serie de libros ¡**Levántate mujer!**, fueron creadas como parte del contenido de los cursos del programa de certificado en liderazgo cristiano del Instituto María y Marta. Esta serie está compuesta de seis libros que comprenden los siguientes temas:

1 Identidad

2 Derrumbando enemigos

3 Fuerte y saludable

4 Liderazgo

5 Con un propósito

6 Sanando el alma

En cada uno de estos libros encontrarás diez estudios, cuyo objetivo es proveerte el conocimiento y las herramientas indispensables.

Al inicio de cada tema, encontrarás un bello diseño de un versículo relacionado con el tema. El objetivo no es solo para adornar el libro, sino para que te sirva de terapia o autorreflexión.

Deseamos que al leer cada estudio percibas la voz de Dios hablándote: ¿qué cambios quiere él ver en tu vida?, ¿qué tienes que aprender? y ¿en dónde Dios te está llamando al crecimiento? Por eso, queremos que medites en el pasaje, en el estudio, mientras lo coloreas y dejas que Dios te hable y te enseñe lo que él tiene para ti. Por eso, se te invita a que hagas una pausa en cada uno de los estudios de este libro.

Después de cada tema, queremos que revises los pasajes bíblicos que se mencionan y que siempre reflexiones en:

- ¿Qué tipo de pasaje es? (descriptivo, normativo, atemporal).

- ¿Cuál es el contexto en el que se dijo? (histórico, cultural).

- Comparar el pasaje con el resto de la Biblia (pues la Biblia no se contradice a sí misma).

- ¿Quién lo escribió?

- ¿Quiénes son los protagonistas?

- ¿Qué voces faltan aquí?

- ¿Qué me dice Dios a mí personalmente?

- ¿Cómo lo aplico a mi vida?

PREGUNTAS PARA GRUPOS DE MUJERES

En algunos de los temas de este libro, se sugieren lecturas bíblicas y también se recomienda la lectura de algunos libros para profundizar en su contenido.

Las discusiones en grupo son muy importantes para cuestionar, despejar dudas y para continuar aprendiendo, pero es muy importante hacerlo en base a lo que dice la palabra de Dios. Para una interpretación fiel a la misma, usar las herramientas adecuadas, contexto (cultural, histórico) tipo de pasaje (normativo, descriptivo, atemporal) y demás reflexiones ya mencionadas.

El objetivo es movilizarnos a la acción. Si aprendemos, pero no aplicamos, no sirve de nada. Por supuesto, es vital que aprendamos para poder crecer, pero ese conocimiento adquirido no debe quedar solamente en la mente, sino que nos debe movilizar a hacer las buenas obras para las que Dios nos ha llamado a cada una de nosotras.

Después de estudiar cada tema, debemos aplicarlo a nuestra vida.

¿Qué me está diciendo Dios a mí personalmente?

¿Qué actividades específicas voy a realizar?

¿Cómo transmito a los demás esto que he aprendido?

Si a alguno de ustedes
le falta sabiduría,
pídasela a Dios,
y se la dará
GENEROSAMENTE
— SANTIAGO 1:5-6

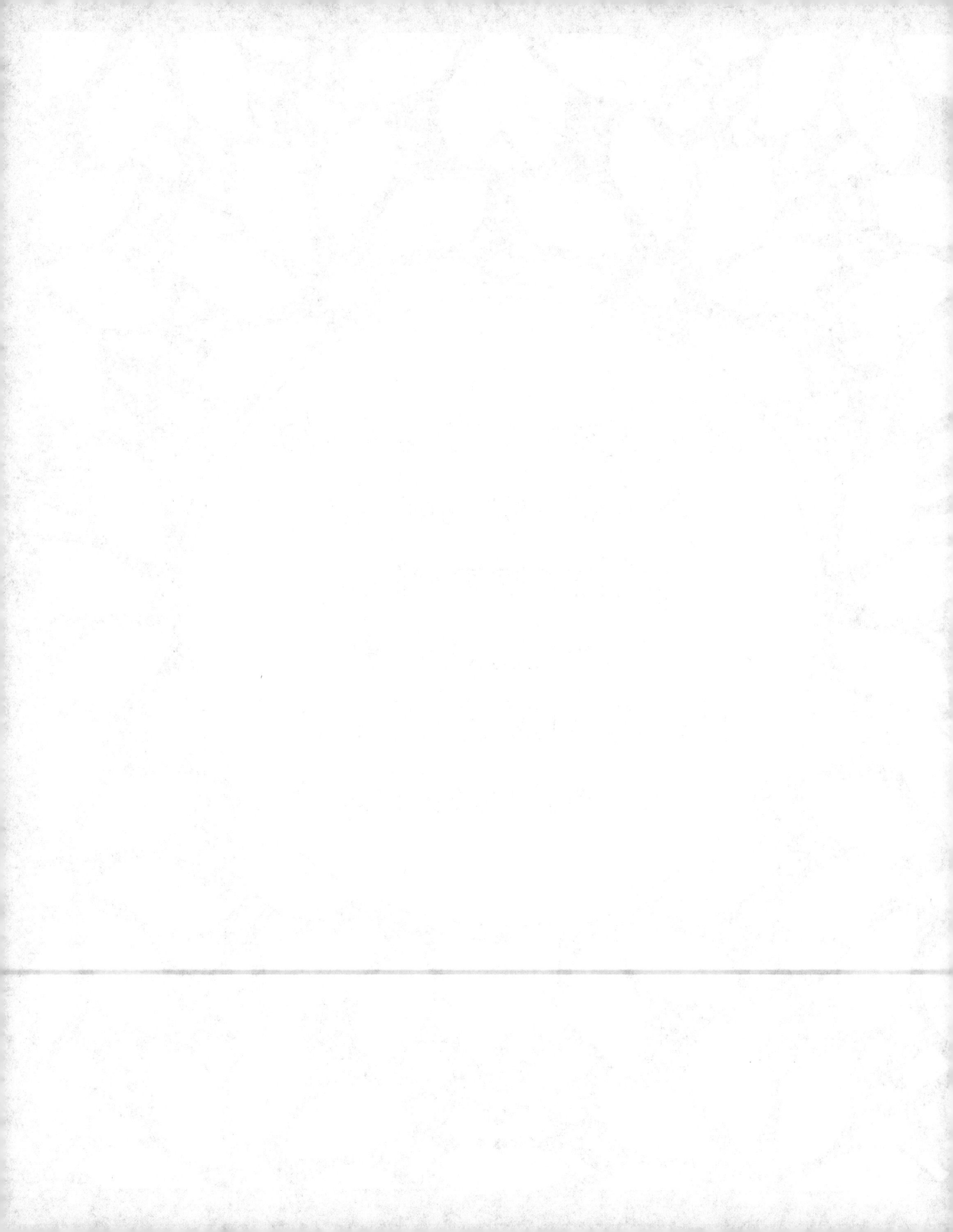

1

UNA MUJER CON SABIDURÍA

La información cada vez está a nuestro alcance con mayor facilidad, más que nunca. Está al alcance de nuestros dedos, en nuestros teléfonos. Cualquier tema que queramos informarnos, lo buscamos por internet y listo. Encontramos cómo hacer de todo, hay videos con mucha enseñanza, artículos, libros, fotos, información de todo lo que queramos encontrar, estudiar o aprender. Es muy positivo contar con información a nuestro alcance y de una manera tan rápida.

Pero, por otro lado, este fácil acceso a la información también trae un gran reto: ¿cómo distinguir entre la buena y la mala información? Esto es muy importante, pues la mala información abunda.

Para ello, debemos seguir estos pasos:

a. **IR A LA FUENTE.** Revisar y verificar que la fuente de la información sea confiable. No fundamentes tus opiniones en algo que alguien te haya dicho o porque sale en la televisión o porque lo viste en Facebook, o en un video, o por el mensaje que te dio tu amiga o tu vecina...

b. FILTRAR la información de manera adecuada, a fin de que no perdamos tiempo en lo que no nos deje nada, que no nos edifique o que no sea de fuentes confiables.

La mejor forma de filtrar la información es mediante un **conocimiento amplio**. El conocimiento viene a ser la información adquirida a través de la experiencia, el razonamiento o el estudio.

Está bien analizar y razonar, y sobre todo, ¡cuestionar! No recibamos ni aceptemos como verdad cualquier cosa que el mundo nos diga, sino cuestionemos y comparemos siempre todo a la luz de la Palabra, y usando nuestro sentido común.

El **estudio** es una de las maneras de adquirir conocimiento, pero no es la única manera, aunque es la más valorada y la mejor remunerada.

Otra forma muy valiosa de aumentar conocimiento es con la **experiencia**. Existen muchas mujeres con experiencia, y que no han tenido la oportunidad de obtener conocimiento en una educación académica formal, en un centro o establecimiento educativo. Esto no significa falta de educación en general, ya que han recibido educación en la escuela de la vida misma, en algún oficio, en sus propias vivencias, experiencias que componen una enseñanza práctica. Esa no se desecha ni debe considerarse menor; al contrario, constituye una formación muy valiosa.

Por ejemplo, hay muchas mujeres que cocinan muy bien aunque nunca asistieron a una escuela culinaria, no son chefs, pero saben de cocina y aunque no lleven ese título, eso no disminuye su valioso conocimiento.

Hay personas con experiencia y otras con títulos. Ninguna es menos que la otra; pero cuando alguien posee ambas cualidades, esto es todavía más valioso.

Dios siempre utiliza nuestros estudios, entrenamientos, experiencias y vivencias para lograr sus propósitos en cada uno de nosotros. Las circunstancias de tu vida en todas sus etapas, incluso en la etapa en la que estés ahora, te dejarán un aprendizaje; y Dios lo usa para completar su trabajo en ti.

EL CONOCIMIENTO Y LA SABIDURÍA:

El conocimiento nos servirá como guía, pero la verdadera manera de poder discernir entre lo bueno y lo malo, es con sabiduría.

¿Y qué es la sabiduría? Se la define como "la forma correcta de aplicar el conocimiento". La sabiduría va más allá del uso del intelecto y del conocimiento, pues involucra el uso de la prudencia, sensatez y de la verdad; y todo esto solo puede venir de Dios.

La fuente de toda la sabiduría y del conocimiento es Dios. Colosenses 2:3 nos dice que Dios es: "en quien están escondidos todos los tesoros de la sabiduría y del conocimiento".

El conocimiento y la sabiduría están relacionados, pero no son sinónimos, son diferentes. El conocimiento puede existir sin la sabiduría, pero la sabiduría no puede existir sin el conocimiento. Hay muchos que son brillantes tontos, o sea que ostentan mucho conocimiento, pero nada de sabiduría. Pero la realidad, y esto es clave, que no existe la sabiduría sin el conocimiento, porque para poder discernir la mejor manera de alcanzar tu meta, es saber cómo integrar y fusionar todos los factores de diferentes fuentes de conocimiento y experiencia.

Uno puede ser conocedor de algo sin ser sabio. El conocimiento es como usar un arma; la sabiduría es saber cuándo usarla y cuando dejarla guardada.

El conocimiento se compila a través del tiempo, a través del estudio de las Escrituras. Puede decirse que la sabiduría, en cambio, es actuar con base a ese conocimiento. La sabiduría es la aplicación apropiada del conocimiento. El conocimiento entiende que el semáforo se ha puesto en rojo; la sabiduría, aplica los frenos.

Por ejemplo, el conocimiento memoriza los 10 Mandamientos; la sabiduría los obedece; el conocimiento aprende de Dios; la sabiduría ama a Dios.

Tomemos a los fariseos y a Jesús, por ejemplo, esta es una excelente distinción. Los fariseos eran los más altos religiosos en la época de Jesús. Ellos eran los que más conocían de la palabra de Dios; sin embargo su conocimiento era puramente intelectual, pero cuando tuvieron a Jesús enfrente, no lo reconocieron, se sintieron amenazados por él. Incluso fueron más allá, lo rechazaron y lo deseaban matar, finalmente lo llevaron a la crucifixión. Esto sucedió porque sus corazones estaban muy lejos de la palabra de Dios. Tenían conocimiento intelectual de la Palabra, pero esto no es suficiente, les faltaba sabiduría y entendimiento para reconocer al propio Jesús.

Jesús reservó sus palabras más duras para los fariseos, los llamó hipócritas, víboras, guías ciegos, insensatos, etc. Esto lo podemos encontrar en Mateo 23 y en Lucas 11:37-54. Es obvio que los fariseos contaban con mucho conocimiento, pero carecían de sabiduría.

Es realmente importante notar esto para no caer en la misma situación que los fariseos, que nunca aceptaron a Jesús; su conocimiento de la palabra de Dios era pura mente, a un nivel intelectual; se quedó únicamente en la cabeza, nunca bajó al corazón.

Por eso, la sabiduría popular dice que algunos no entrarán al cielo por 18 pulgadas, que es la distancia promedio que existe entre nuestra cabeza y nuestro corazón.

ACERCA DE LA SABIDURÍA

1. Nuestra experiencia de la sabiduría de Dios proviene de un mundo fallido.

Inicialmente, Dios creó un mundo perfecto y sin pecado, pero esto cambio a través de la desobediencia de Adán, por medio del cual entró el pecado al mundo, y por consiguiente la muerte. Desde entonces, nos encontramos en un mundo fallido. Así que nuestro mundo actual lleno de pecado está muy lejos de ese mundo perfecto e idóneo que Dios creó en un inicio para nosotros.

Entonces la sabiduría de Dios no necesariamente nos protege del pecado o de la calamidad, ni tampoco castiga a las personas malvadas de su pecado. Así que, aunque aparentemente esto es lo que reina en nuestros días, en Gálatas 6:7 dice que Dios no será burlado. El hecho de que Dios no ejecute su perfecta justicia en estos días, no quiere decir que no lo hará, porque nadie, se librará de la justicia divina, en el día del juicio.

2. La sabiduría de Dios se ve tan diferente.

El plan de Dios para venir a salvarnos fue mandar a su propio hijo Jesús, que nacería de una madre adolescente, en un establo, que estaría junto a José en la carpintería, y que luego, escogiera como discípulos a hombres sin preparación, la mayoría de ellos, simples pescadores.

Visto todo esto con los ojos del mundo, no tiene sentido. Y aún más, la muerte de Jesús de la manera más horrenda, crucificado, para salvarnos a todos nosotros pecadores, este plan francamente no tiene sentido.

En 1 Corintios 1:25-31 se nos recuerda que: *"La locura de Dios es más sabia que la sabiduría humana, y la debilidad de Dios es más fuerte que la fuerza humana"*.

Toma tiempo y lecciones en humildad para que podamos descansar en la sabiduría de Dios y confiar en su plan perfecto, aunque nosotros no lo entendamos.

¿CÓMO SER SABIOS EN ESTA ÉPOCA?

Si tú quieres ser una persona sabia, la palabra de Dios nos dice lo que necesitamos hacer para llegar a serlo:

1. Vivir sabiamente empieza con el temor de Dios.

La sabiduría, conocimiento y todo entendimiento, viene de Dios. Si nosotros queremos algo de eso, debemos, ante todo, acudir a Dios directamente. Proverbios 2:6 nos dice: "Porque el Señor da la sabiduría; conocimiento y ciencia brotan de sus labios".

Proverbios 9:10 agrega: "El comienzo de la sabiduría es el temor del SEÑOR; conocer al Santo es tener discernimiento".

Y por último, Proverbios 1:7 dice: "El temor del SEÑOR es el principio del conocimiento; los necios desprecian la sabiduría y la disciplina".

El significado de la palabra "temor", en este versículo, no se refiere al temor como miedo, peligro o dolor. En este contexto, "temor" significa, adoración o reverencia, e incluye la idea de admiración, maravillarse, asombrarse, gratitud. El "temor de Dios" entonces incluye una abrumadora sensación de gloria, valor, y belleza de nuestro único y verdadero Dios.

El temor de Dios es básicamente esto: el reconocimiento de que Dios es el Creador, Maestro y Señor; que él es Santo y extraordinario y que él es quien está en control. Como respuesta a ese tener ese temor en ti, tú te sometes a él y a su plan perfecto para tu vida. Sin esto, no hay sabiduría. Empieza con la salvación y continúa con una humildad reverente que te lleva a "temerle".

Es como si estuviéramos frente a un espectáculo de la creación de Dios, estamos asombrados y maravillados, como un atardecer de esos hermosos, o ante un lago rodeado de volcanes. Al estar en contacto con la creación de Dios, nos maravillamos de él, pues él es el creador de todo el universo y debemos dirigirnos a él con humildad buscando las respuestas a todas nuestras inquietudes.

2. La sabiduría crece al recibir la palabra de Dios

Salmos 19:7, RV95, dice: "La ley de Jehová es perfecta; convierte el alma; el testimonio de Jehová es fiel: hace sabio al sencillo".

Nada como la Biblia para enseñarte a conocer la mente de Dios. Entre más conozcas a Dios a través de su Palabra, más la sabiduría marcará tu vida.

Yo recuerdo un tiempo en que quería leer la palabra de Dios, y no la entendía, no le encontraba sentido y hasta me parecía aburrida. Y cuando me volví cristiana y empecé a aprender de la Palabra, desarrollé esta inmensa sed de aprender, de descubrir y entender.

Estuve estudiando y aprendiendo, me uní a estudios bíblicos para que me explicaran la Biblia, y de repente todo cambió. Tomó vida para mí y encontré la fuente de conocimiento de la vida. La Biblia es un libro de vida, de historia, de ciencias, de sabiduría, es el libro de vida. Allí encontraremos todo lo que necesitamos.

3. Pidamos sabiduría

Santiago 1:5-6 dice: *"Si a alguno de ustedes le falta sabiduría, pídasela a Dios, y él se la dará, pues Dios da a todos generosamente sin menospreciar a nadie. Pero que pida con fe, sin dudar, porque quien duda es como las olas del mar, agitadas y llevadas de un lado a otro por el viento".*

En otras palabras, no acudas a Dios para que te dé una segunda opinión. Acude directamente a Dios y pide su sabiduría en alguna situación y lo que él te muestre, hazlo.

¿Entonces, cómo ser más sabias? ¿Cómo podemos adquirir esa sabiduría?

Vemos claramente en Santiago 1:5 la forma.

Esto nos trae mucho consuelo, saber que tan sólo la pedimos y Dios nos la dará generosamente. Pero ojo, hay una condición, pedirla con fe, sin dudar. Esto también es una advertencia, porque no queremos que nos suceda como a los fariseos, ellos conocían las Escrituras, pero no conocían a Dios. Y esto es algo muy triste, no llegar a Dios mismo, sino quedarnos solamente en su Palabra.

El conocimiento de Dios es importante, pero contar con la sabiduría que viene de Dios es más importante. Buscando a Dios con reverencia, admiración y temor, podemos entrar en una relación personal con él.

Y aquí necesitamos recalcar, que no lleguemos a Dios sólo con nuestra cabeza, como muchos, que se quedan allí, sino que lleguemos a él con nuestro corazón. Esa debe ser la meta, llegar de la cabeza al corazón, y este recorrido es el que algunos no están dispuestos a hacer.

El caso de Salomón

En estos días de crisis, cuando las autoridades no saben qué hacer, cómo quisiéramos todos un liderazgo que tuviera la sabiduría de Dios.

Y, de hecho, hubo un rey en la historia que reinó por cuarenta años con completa sabiduría de Dios y trajo paz y prosperidad como nunca. ¿Se imaginan esto?

Pues este rey era Salomón, hijo del rey David. Y su historia la encontramos en 1 Reyes. Resulta que, en un sueño, Dios se le aparece a Salomón y le dice que le haga una petición. Salomón le pide sabiduría y conocimiento para juzgar a su pueblo de manera justa y sabia. Dios quedó muy complacido con la petición de Salomón porque no le pide riquezas ni la muerte de sus enemigos, sino un corazón para poder discernir. Entonces, Dios complacido le da a Salomón lo que pide: un corazón sabio, para poder discernir entre lo malo y lo bueno; (así como nosotros necesitamos también discernir). Dios también le promete riquezas, honor y una vida larga, si permanece obediente a él.

Salomón se hizo famoso por ser un juez justo. En una ocasión, dos mujeres se peleaban por un bebé, cada una de ellas declarando que era la mamá. Salomón ordenó que cortaran al bebé y que le dieran la mitad a cada una de las mujeres. Una mujer accedió, pero la verdadera madre, le rogó que le dieran el bebé a la otra mujer. Y así fue como Salomón pudo distinguir que la mujer que mostró compasión era la madre verdadera y ordenó que le dieran la criatura a ella. Era evidente que la sabiduría de Dios estaba con Salomón para administrar justicia.

Desafortunadamente, Salomón, se apartó de la sabiduría de Dios y entonces su reino se vino abajo. Salomón escribió tres libros en la Biblia que son pura sabiduría: Cantar de los Cantares, Proverbios y Eclesiastés. En Eclesiastés, Salomón declara que es un hombre que ha tenido todo en la vida, riquezas, conocimiento, reinado, mujeres, pero que lo único que en verdad vale la pena en la vida, es Dios, solo Dios.

4. Mansa como la paloma y astuta como la serpiente

Cuando Jesús envía a sus discípulos a iniciar su ministerio, les da instrucciones claras, entre las que les dice: "Los envío como ovejas en medio de lobos. Por tanto, sean astutos como serpientes y sencillos como palomas" (Mateo 10:16).

Como cristianas, estamos operando entre lobos. ¿Y por qué lobos? Los lobos son depredadores agresivos cuya intención es atacar a su presa y, además, les encantan las ovejas. Por otro lado, las ovejas son débiles y vulnerables, y sin su pastor, no pueden sobrevivir al ataque de un lobo.

Como ovejas que somos, precisamos obedecer cuidadosamente las instrucciones de nuestro pastor y mantenernos cerca de él, si queremos sobrevivir. Con esto en mente, Jesús les dio instrucciones claras a sus discípulos para que se supieran proteger y les pide que sean astutos como las serpientes y mansos como las palomas.

Jesús menciona dos animales con características completamente opuestas y les instruye a que reflejen lo bueno de ambas características.

La serpiente: es el animal que Satanás utilizó para hacer caer en tentación a Adán y a Eva en el jardín del Edén. En la Biblia es un símbolo de poder y caos.

La paloma: es el animal preferido usado para los sacrificios en alabanza a Dios. En la Biblia es un símbolo de pureza e inocencia.

¿Por qué es que Jesús escoge a dos animales tan opuestos para prepararnos para sobrevivir? Ambos representan características que como cristianas necesitamos si vamos a vencer la agresión del enemigo depredador. Sólo la característica de uno de ellos no basta, necesitamos las dos. Si actuamos sólo como la serpiente, el enemigo nos va a utilizar para causar daño a otros. Y si actuamos sólo como la paloma, el enemigo nos va a devorar. Por lo que, si usamos las características de ambos, entonces podemos estar en ofensiva y pelear contra el enemigo, y a la vez con gentileza y pureza de corazón, hacer el trabajo de Dios.

Esto conlleva el poder de discernir y para eso necesitamos sabiduría. Oremos entonces, por esa sabiduría que viene sólo de Dios, que él generosamente nos va a dar si se la pedimos y si lo hacemos con fe. Oremos también por ese discernimiento en nuestro actuar, para poder distinguir lo bueno de lo malo y tomar buenas y sabias decisiones conforme a la voluntad de Dios.

Lámpara es
a mis pies
tu palabra
– Salmos 119:105

2

UNA MUJER EQUIPADA Y CUESTIONADORA

Algunas veces los cristianos asumimos una idea equivocada de nuestro rol y del rol de Dios en nuestras vidas. Pensamos que Dios está sentado en su trono, esperando a que nosotros lo llamemos para que cubra nuestras necesidades, y aunque Dios es un Padre amoroso que nos escucha y provee, debemos ser cuidadosos en no asumir que él existe para nosotros.

Y esta idea te puede causar asombro, pero la realidad es que nosotros existimos para Dios. Él nos creó para sus propósitos y nos ha equipado para servirlo.

Según Efesios 2:10, "somos hechura de Dios, creados en Cristo Jesús para buenas obras, las cuales Dios dispuso de antemano a fin de que las pongamos en práctica".

Esto indica claramente que todo acerca de nosotros ha sido diseñado por Dios para equiparnos para el trabajo que él ha dispuesto antes de nuestro nacimiento.

Es decir, que aquí vemos tres aspectos:

1) Dios nos ha creado a cada uno con la personalidad y cuerpo exactos para poder cumplir sus propósitos en nuestra vida. Él nos conoce y nos muestra un llamado individual, a cada uno, incluso antes de que nosotros sepamos cuál es.

2) Dios nos ha equipado con nuestras fortalezas, habilidades y talentos necesarios para hacer lo que él planeó para nosotros.

3) Él nos da las instrucciones y su Espíritu nos da el poder para reaccionar a esas instrucciones. Estos son los dones espirituales que recibimos del Espíritu Santo para servirnos los unos a los otros (como: evangelismo, hospitalidad, sabiduría, fe, enseñanza, conocimiento, servicio, liderazgo).

Y también, cada experiencia de nuestra vida Dios la usa para equiparnos y para hacer su voluntad. Tanto los momentos agradables como los difíciles, moldean nuestro carácter, nos hacen madurar espiritualmente y nos entrenan para ayudar a otros.

Entonces, si nos damos cuenta, nosotros ya somos el equipo, pero necesitamos reflexionar en la manera en la que Dios nos proveerá toda clase de recursos a nuestro alcance para entrenarnos a hacer su voluntad.

Por ejemplo, para hacer cualquier actividad en la vida, necesitamos equipo. Para cocinar, necesitamos ingredientes, utensilios de cocina; para hacer algo tan sencillo como bañarnos, necesitamos jabón, champú, agua, esponja, etc.

Si nos vamos de vacaciones a la playa, precisamos llevar equipo; traje de baño, toalla, sombrilla, sombrero, protector solar, hielera, etc. De la misma manera sucede con nuestro caminar con Dios. Necesitamos estar preparados, abastecidos y llevar las herramientas adecuadas.

De igual manera, el apóstol Pablo describe, lo leemos en 2 Timoteo 3:16, el equipo que los cristianos necesitamos: "Toda la Escritura es inspirada por Dios y útil para enseñar, para reprender, para corregir y para instruir en la justicia".

Las Escrituras nos enseñan cómo vivir la voluntad de Dios. Nos enseña lo que es correcto, y nos amonesta cuando hemos hecho algo malo; nos corrige trayéndonos de regreso al camino correcto cuando nos alejamos. Además, nos entrena, es decir, nos disciplina para vivir correctamente. La palabra de Dios nos equipa completamente para hacer la voluntad de Dios.

Y como vimos, hemos sido creados para hacer esas "buenas obras" que no es nada más que la voluntad de Dios en nuestras vidas. ¿Y qué es lo que nos equipa para hacer esas buenas obras? ¡La palabra de Dios!

En Salmos 119:105 confirma esto diciendo: "Tu palabra es una lámpara a mis pies; es una luz en mi sendero".

Una lámpara ilumina el camino enfrente de nosotros, un paso a la vez. La lámpara simboliza la palabra de Dios, que es vital para encontrar la voluntad de Dios. No podemos esperar encontrarla lejos de la palabra de Dios. Dios nos habla a través de su Palabra y allí está todo lo que precisamos saber. Si queremos escuchar la voz de Dios y conocer su voluntad, debemos ir a su Palabra.

La Biblia es un libro de historia, de ciencia, de sabiduría, y es el libro de vida. Allí está todo.

¿QUÉ HACE DIOS CON NOSOTROS?

1. Primero, como ya vimos, Dios nos llama a cada uno individualmente y ese llamado puede verse de manera diferente para cada uno de nosotros.

2. Segundo, Dios nos dice qué quiere que hagamos. Recordemos que Dios es Dios y es soberano. El no espera que nosotros sepamos su plan, pero nos da instrucciones claras. Cuando seguimos a Dios, nunca va a ser un juego de adivinanzas. Nosotros solemos complicar las cosas con nuestra naturaleza humana, pero él nos da direcciones claras.

3. Además, nos provee el equipo indispensable, su Palabra, la cual debemos conocer, pues es nuestra herramienta básica. Esto intimida a muchos pues no conocen su Palabra, y aunque no necesitamos saberla toda, es básico que la conozcamos. Esto no sólo es para llevar el mensaje, sino también para que nosotras no seamos fácilmente engañadas con falsas doctrinas, un mal que ataca a muchos cristianos que no están sólidos en la Palabra y no pueden defenderse. Recordemos que la Palabra de Dios es un arma poderosa, es una espada de dos filos que siempre cumple un propósito.

Isaías 55:11 dice: "... la palabra que sale de mi boca: No volverá a mí vacía, sino que hará lo que yo deseo y cumplirá con mis propósitos".

Hebreos 4:12 nos dice: "Ciertamente, la palabra de Dios es viva y poderosa, y más cortante que cualquier espada de dos filos. Penetra hasta lo más profundo del alma y del espíritu, hasta la médula de los huesos, y juzga los pensamientos y las intenciones del corazón".

Estos versículos hablan de la palabra de Dios con tremendo poder y que siempre sale y cumple un propósito. No podemos predecir como Dios la va a usar, ni que la va a usar de la manera en que nosotros queramos, pues Dios es soberano y obra de maneras misteriosas, pero la certeza es que siempre va a salir a cumplir el propósito de Dios. Y esa Palabra poderosa es la que debemos conocer.

JESÚS ENVÍA A LOS DOCE CON INSTRUCCIONES

Después de haber pasado tiempo con ellos y entrenándolos con sus enseñanzas, Jesús envía a los doce discípulos a iniciar su ministerio. Pero observemos que primero los seleccionó, luego les enseñó, y fueron entrenados. Y como ejercicio inicial, los envió con instrucciones precisas, y los tiro al agua, veamos:

1. Los envía de dos en dos.

En Marcos 6:6-7 dice:

"... Jesús recorría los alrededores, enseñando de pueblo en pueblo. Reunió a los doce, y comenzó a enviarlos de dos en dos, dándoles autoridad sobre los espíritus malignos".

Enviar a las personas de a dos a la vez, es algo poderoso. El objetivo era para que propagaran las buenas nuevas y engrandecieran el reino de Dios. Esta estrategia de trabajo en equipo, enviándolos de dos en dos, permite que las personas puedan animarse mutuamente al caminar juntos. Es obvio que Jesús usa el poder de la influencia, aliento y enseñanza mutua para entrenar a sus discípulos.

En Lucas 9:1-6 dice: "Habiendo reunido a los doce, Jesús les dio poder y autoridad para expulsar a todos los demonios y para sanar enfermedades. Entonces los envió a predicar el reino de Dios y a sanar a los enfermos. «No lleven nada para el camino: ni bastón, ni bolsa, ni pan, ni dinero, ni dos mudas de ropa —les dijo—. En cualquier casa que entren, quédense allí hasta que salgan del pueblo. Si no los reciben bien, al salir de ese pueblo, sacúdanse el polvo de los pies como un testimonio contra sus habitantes». Así que partieron y fueron por todas partes de pueblo en pueblo, predicando el evangelio y sanando a la gente".

2. El testimonio de dos personas es confiable.

En lugar de enviar a una sola persona, Jesús creó un sistema de soporte enviando a dos discípulos juntos. Esto hace un testimonio válido.

¿Y por qué es importante que haya como testigo más de una persona?

En el Antiguo Testamento, en Deuteronomio 19:15, apoya este principio: *"Un solo testigo no bastará para condenar a un hombre acusado de cometer algún crimen o delito. Todo asunto se resolverá mediante el testimonio de dos o tres testigos"*.

Recordemos también que Jesús dijo*: "Porque donde dos o tres se reúnen en mi nombre, allí estoy yo en medio de ellos"* (Mateo 18:20).

La razón por la que muchas congregaciones fallan hoy es porque no siguen las instrucciones de Jesús. Hace falta compañerismo para crecer, liderazgo para levantar a otros, educación sólida en la Palabra para conocer las instrucciones.

Desarrollar las habilidades de las personas para apoyarse los unos a los otros y trabajar juntos, es necesario para el éxito.

3. El hierro se afila con el hierro.

Lo dice Proverbios 27:17: *"El hierro se afila con el hierro, y el hombre en el trato con el hombre"*. Esto refuerza este concepto de la necesidad que tenemos los unos de los otros. El hierro no puede afilarse solo, necesita de otro hierro para afilarse. Así también sucede con nosotros, Dios utiliza a las personas para que nos ayudemos unos a otros. Todas precisamos de alguien que nos "afile"; es decir, que nos edifique, instruya y guíe. También nosotras podemos hacer lo mismo con la otra persona, pues ambas partes deben trabajar juntas para lograr "afilarse" la una a la otra. Además, esto es de beneficio mutuo para crecer en el Señor, mantenernos en su camino, señalarnos aquello en lo que debemos mejorar y trabajar, ayudarnos con nuestras luchas y advertirnos de los peligros que enfrentemos.

Esto es indispensable en la vida de un cristiano, necesitamos esa convicción para crecer y mantenernos en el camino de Dios, pues es fácil desviarnos, y eso le puede pasar a cualquiera.

Así que no creamos que la vida cristiana es para llevarla a solas; al contrario, eso es peligroso, pues es más fácil caer cuando estamos solas sin el respaldo ni apoyo de alguien más. Nos necesitamos las unas a las otras para afilarnos y para trabajar juntas, por algo Jesús mismo ha escogido esta estrategia, y nosotras sabiamente debemos seguirla.

¿CÓMO OBEDECER A DIOS PARA QUE ÉL CUMPLA SU PROPÓSITO EN NOSOTRAS?

a) Conociendo la palabra de Dios. Tristemente, muchos cristianos no conocen la palabra de Dios, y esto impide que puedan cumplir los propósitos de Dios para cada uno. Por eso reiteramos, que necesitamos conocer la palabra de Dios porque allí es como Dios te irá enseñando. Cuando Jesús envió a sus discípulos, ya los había entrenado con su Palabra.

Esto no significa que vas a saber todo, pues Dios continuamente te estará enseñando y el trabajo de transformación que él realice en ti continuará toda tu vida, hasta el final.

Existimos para servir a Dios, y su voz es la única que debemos escuchar; y todo lo que recibamos de los demás, sea quien sea, siempre debemos compararlo a la luz de su Palabra, y esto sólo podremos hacerlo si conocemos en verdad su Palabra.

b) Cuando estás fundamentada en la palabra de Dios, esto ilumina tu camino y tu actuar. La Palabra te enseña, moldea y guía. Esto evita que te dejes influenciar o engañar por falsas doctrinas y corrientes que te aparten de la voluntad y de los propósitos de Dios.

Todo en tu vida lo vas a cuestionar a la luz de la Palabra. Sabrás si alguien habla verdad o si hay engaño o manipulación, y de eso hay mucho, aun dentro de las mismas iglesias.

c) Recordemos que nosotros somos ese equipo que Dios quiere usar. Él va a usar todo en tu vida: tus dones y talentos, habilidades, dones espirituales, experiencias, vivencias, sufrimientos, tribulaciones, gozos. Todo, absolutamente todo, para cumplir sus propósitos. Sólo déjate usar y aprovecha las herramientas que Dios te da. Él quiere que estés entrenada y preparada.

d) Los métodos de Jesús son siempre mejores. Utilicémoslos. Dos son mejores que uno. Es bueno trabajar en pares para enseñarnos y mentorearnos las unas a las otras y ayudarnos a crecer, a mantenernos responsables y en el camino de Dios.

Por lo mismo, aquí en el Instituto María y Marta, queremos equipar y levantar a más mujeres, para que conozcan la Palabra de Dios y puedan aplicarla en sus vidas diariamente, y crear una comunidad de apoyo para ayudarnos y levantarnos las unas a las otras.

¡Sé fuerte y valiente!
¡No tengas miedo
ni te desanimes!
EL SEÑOR TU DIOS TE
acompañará
a donde vayas
– Josué 1:9

3

UNA MUJER GUERRERA: LA BATALLA DE SER CRISTIANAS Y NUESTRO MODELO A SEGUIR

¿Creías que al volverte cristiana todo se iba a tornar color rosa y que todo te iba a salir bien y hasta fácil? ¿Quizás también has creído que todos los cristianos son infalibles y hasta perfectos? Pero te has dado cuenta de otra realidad, de una batalla que no imaginabas… En este tema hablaremos de esa confusión que sentimos, de la batalla que enfrentas y del único modelo infalible al cual debemos seguir.

En temas pasados, hemos tratado los problemas que enfrentamos como mujeres en general y como latinas e inmigrantes. Nunca faltan los problemas, es más, ¡abundan! Y quizás muchas de nosotras —además de ser mujeres, latinas e inmigrantes—, tenemos otra característica que agregar, la de ser **cristianas.** Déjame decir que ese es **otro gran reto** también. Y esto viene de sorpresa porque muchas se han creído afirmaciones como: "al ser cristianas, todo estará bien. Bueno, como yo trabajo para Dios, entonces él me da a cambio lo que quiero… y volvemos esto como un canje con Dios, yo te doy, pero tú me das a mí…".

Y entonces veo la necesidad que aclaremos conceptos, que hemos creído, aceptado y a los que tenemos que despertar y activarnos.

¿Has ido alguna vez en un crucero? Bueno, la idea que te venden allí es que vas a descansar y a olvidarte de todo, hay entretenimiento todo el tiempo, comida y bebidas ilimitadas y en exceso, puedes acostarte a tomar el sol o sentarte viendo el mar, y una desconexión total de la realidad, y más.

Pues muchas personas están así cuando se convierten al cristianismo. Creen que al aceptar a Dios en su corazón y volverse cristianos, ya consiguieron su pase para ir al cielo, y que, de ahora en adelante, Dios va a hacer lo que ellos quieren y que todo les va a salir bien.

Pues malas noticias para los tales, porque, primero que nada, ser cristianos es una **batalla**. ¡En vez de subirnos a un crucero, nos subimos a un **buque de guerra**!

El mismo Jesús nos dice que, en este mundo, ¡enfrentaremos tribulación! ¡Él no nos prometió un camino fácil!

En Juan 16:33 dice: *"Yo les he dicho estas cosas para que en mí hallen paz. En este mundo afrontarán aflicciones, pero ¡anímense! Yo he vencido al mundo"*.

Y es el caso, mi querida **guerrera**, que nos enfrentamos a **tres enemigos** que nos acechan diariamente y sin descansar:

a) EL MUNDO:

El mundo nos seduce con sus luces brillantes y atractivas, nos bombardea constantemente con distracciones, placeres, falsas realidades, con su propio sistema de valores, creencias y principios, que son contrarios a las leyes cristianas. El mundo es una fuerza y un enemigo muy poderoso, pues nos trae una tentación muy fuerte, y esto nos ocasiona una gran lucha, de pensamientos, de actuar, de valores, y pareciera que todo lo que haces y piensas como cristiana, conforme a la palabra de Dios, es contrario y opuesto al mundo en el que vivimos.

Entonces enfrentas una lucha contra una corriente fuerte y esto te cansa y si no estás adecuadamente armada, casi seguro cedes.

Mira el ejemplo del salmón, un pez que nada en contra de la corriente y esto no es fácil, pero al hacerlo, va haciéndose muy fuerte y por eso su carne es tan fibrosa y rica. Este esfuerzo constante que hace lo cansa, pero también lo fortalece.

b) SATANÁS:

A quien la Biblia describe como ese león rugiente al acecho para devorarte.

1 Pedro 5:8, DHH, dice: *"Sean prudentes y manténganse despiertos, porque su enemigo el diablo, como un león rugiente, anda buscando a quien devorar"*.

¿Qué harías tu frente a un león que se escape del zoológico y lo tienes frente a ti?

También dice la Palabra que la forma de **vencer** a Satanás, es **resistirlo** y él se alejará… No significa que dejará de tentarte, pero tú tendrás que continuar resistiendo con la ayuda de la palabra y de Dios.

Santiago 4:7 dice: *"Así que sométanse a Dios. Resistan al diablo, y él huirá de ustedes"*.

c) TÚ MISMA:

Hemos visto que tú eres tu propia enemiga cuando pones tu identidad en algo o en alguien que no sea Dios, cuando te autolimitas, cuando optas por la comodidad, y desperdicias tus dones y talentos, etcétera.

Y algo que hemos confundido es que, aun siendo cristianas, seguimos luchando contra nuestra **carnalidad**, es decir, con nuestra **naturaleza pecaminosa.** Como cristianas, luchamos contra el pecado, es una batalla, y todos afrontamos diferentes luchas, batallamos con diferentes pecados.

Pero se nos ha dicho que, al volvernos cristianas, seremos nuevas criaturas y muchos creen que, por lo tanto, ya no van a pecar, y que prácticamente alcanzarán la perfección. Esto conlleva a actitudes de hipocresía y apariencia, porque se presenta una falsa imagen de perfección cuando por dentro la mujer cristiana sabe muy bien que no lo es, y entonces, reprime y esconde su pecado y sufre en silencio. Cuando nuestra actitud como verdaderas cristianas es no juzgarnos unas a otras, sino ayudarnos los unas a otras en esa lucha que todas enfrentamos contra el pecado.

Es alarmante que no conozcas a estos enemigos poderosos y peligrosos que enfrentas diariamente y que vivas como que vas en un crucero. El enemigo ya va al acecho y con armas y estrategias, y si no estás preparada, te va a devorar.

POR ESO DEBES:

1) ESTAR ALERTA Y PREPARADA

Como el título de esta serie de 6 libros que se llama : "¡Levántate mujer!" , porque queremos que no te descuides ya que el enemigo ataca, sino que estés alerta y preparada. Dios te ha creado con un propósito, con dones y talentos, y te ha dado las herramientas para luchar en este mundo, eso te hace una **guerrera** para luchar. Dios está contigo y te ayudará en esa batalla, pero tú tienes que luchar.

2) PONERTE LA ARMADURA

La Palabra nos da las armas y nos dice cuál debe ser nuestra armadura.

Efesios 6:13-18: "Por lo tanto, pónganse toda la armadura de Dios, para que cuando llegue el día malo puedan **resistir** hasta el fin con firmeza. Manténganse firmes, ceñidos con el **cinturón de la verdad**, protegidos por la **coraza de justicia,** y calzados con la **disposición de proclamar el evangelio de la paz**. Además de todo esto, tomen el **escudo de la fe,** con el cual pueden apagar todas las flechas encendidas del maligno. Tomen **el casco de la salvación** y **la espada del Espíritu,** que es la palabra de Dios. Oren en el Espíritu en todo momento, con peticiones y ruegos. Manténganse alerta y perseveren en oración por todos los santos".

3) RECONOCER CUÁL ES LA MARCA DEL CRISTIANO

Lo que caracteriza a un cristiano, es que pertenece a Cristo, y su sangre nos lava, y por su sangre bendita es que obtenemos el perdón de nuestros pecados, los que cometimos, cometemos ahora y cometeremos después. Por eso ten bien claro que mientras estemos en este mundo, no somos perfectos ni alcanzaremos la perfección total. Estás en un constante proceso de transformación.

La marca de un cristiano no es la falta de pecado, sino es esa **lucha diaria y constante** contra el pecado, que será diferente para cada uno, en **búsqueda de la obediencia a nuestro Salvador**. Cada uno lucha contra diferentes pecados y por ello la lucha también se ve diferente.

Ninguna de nosotras está libre de pecado. ¿Recuerdan el pasaje de la mujer adúltera? Los escribas y los fariseos (líderes religiosos) llevaron delante de Jesús a esta mujer al haberla sorprendida en el acto mismo del adulterio (y convenientemente presentan solo a la mujer y no al hombre que estaba con ella). Ellos querían apedrearla, pues es lo que correspondía según la ley de Moisés, y al mismo tiempo le hacen la pregunta a Jesús, con el fin de ponerle una trampa: *"Maestro, esta mujer ha sido sorprendida en el acto mismo de adulterio. Y en la ley nos mandó Moisés apedrear a tales mujeres. Tú, pues, ¿qué dices?"* (Juan 8:4-5, RV60).

Pero Jesús, les dijo: *"... El que de vosotros esté sin pecado sea el primero en arrojar la piedra contra ella. E inclinándose de nuevo hacia el suelo, siguió escribiendo en tierra. Pero ellos, al oír esto, acusados por su conciencia, salían uno a uno, comenzando desde los más viejos hasta los postreros; y quedó solo Jesús, y la mujer que estaba en medio"* (Juan 8:7-9).

Por favor, lee bien esto, **nadie, ninguno de los más altos líderes religiosos, fariseos y escribas,** estaba libre de pecado, ni los jóvenes, ni los ancianos, ni los religiosos ni los no religiosos, así que nadie pudo tirarle una piedra. Es así como nosotros tampoco podemos. Muchos cristianos "se creen perfectos" o bien exigen perfección en otros y son duros para juzgar y para señalar las faltas de otros, sin mirar sus propias faltas.

No debemos ponernos estándares imposibles, que no podemos cumplir, o ponerles esos estándares imposibles a otros. Como dijimos, ninguno de nosotros es perfecto, ni los demás lo son, ni siquiera los cristianos maduros, ni los líderes o pastores.

En la práctica, hemos visto a muchos líderes cristianos caer, pastores, curas, sacerdotes, etc., pero nuestra mirada no debe estar puesta en ellos, pues son seres humanos y pueden caer.

El cristiano, aunque no es perfecto, es un guerrero de Dios, que lucha por amar y obedecer a Dios y a su Palabra.

A sabiendas de que estamos en una batalla, entonces estemos preparados siempre con todo el equipo y la armadura que Dios nos proporciona.

4) RECONOCER QUE EL ÚNICO MODELO A SEGUIR ES JESÚS

Allí sí encuentras el **modelo perfecto y el único modelo a seguir**. Jesús es el único modelo que no te va a fallar. El que no ha pecado nunca y el que dio su vida por nosotros, fue el sacrificio perfecto para nuestra salvación.

Aquí es donde debes depositar toda tu confianza y todas tus expectativas.

Sigamos el ejemplo y carácter de Jesús, y obedezcamos su Palabra en todo lo que hagamos.

¿POR QUÉ ES IMPORTANTE ESTE TEMA?

Porque como cristianas, enfrentamos una **guerra**, y debemos estar alertas y preparadas para lo que nos toque enfrentar, poniéndonos la armadura que Dios mismo nos da, para que nuestros enemigos no nos agarren desprevenidas. También es importante desmentir el concepto que el cristiano es perfecto y cambiar nuestras expectativas de perfección. Continuamos luchando contra nuestra naturaleza pecaminosa y carnalidad. Somos guerreras de Dios, no perfectas hijas de Dios, pues no hay nadie perfecto, ni persona ni líder alguno, solamente Dios.

¿QUÉ TE LLEVAS HOY?

Como cristianas enfrentamos una guerra contra enemigos poderosos que no descansan para vencernos. Estemos despiertas, activas y tomemos las armas que Dios nos da.

Actívate guerrera, y reconoce tu lucha y que la victoria te la da el Señor Jesús, el que nunca nos falla, nuestro rey y salvador. Mantén tu mirada enfocada en él solamente y no en nada, ni nadie más.

Con mi gracia
tienes más que
suficiente,
mi poder
se perfecciona en la
debilidad
– 2 Corintios 12:9

4

EL SÍNDROME DE LA IMPOSTORA

¿Has escuchado acerca del síndrome de la impostora?

Te ha pasado alguna vez que empiezas un trabajo, o una nueva etapa en tu vida, ya sea en tu carrera, como esposa o mamá y todo marcha bien, ¿pero te cuestionas? Dudas de tu inteligencia, de tu conocimiento, te cuesta aceptar tus habilidades y tus logros. Y temes que las personas importantes se den cuenta que eres impostora.

Menciono un fenómeno psicológico que afecta a muchas personas, pero mayormente a las mujeres, el síndrome de la impostora. Este es el nombre que nuestra cultura la ha dado al sentimiento de no pertenecer a una comunidad o a pensar que tus logros no son legítimos por cualquier razón. Más allá de la humildad, este estado irracional de paranoia nos causa pensar más en nosotras y menos de nosotras.

Y quiero aclarar que no me refiero a cuando quizás te das cuenta de que realmente no sabes mucho y que necesita aprender o mejorar alguna debilidad. A todas nos pasa. A pesar de avances y logros (o años de experiencia o estudios), sigues dudando de ti misma. Y experimentas ese temor de que las personas, "van a descubrir que eres una impostora…"; de que quizás se equivocaron al contratarte o al darte cierta responsabilidad.

Este síndrome genera sentimientos de duda e inseguridad o sentimientos de fraude, aunque exista evidencia de lo contrario.

RAZONES POR LAS QUE NOS SENTIMOS COMO IMPOSTORAS

Existen varias razones para sentirse así, y típicamente ocurre ante un nuevo trabajo o un ascenso de trabajo, o cuando empiezas una nueva etapa de tu vida (nueva relación), etc.

1. El perfeccionismo

Estás demasiado preocupada con que todo esté hecho a la perfección. Muchas mujeres tienden a ser perfeccionistas. Se imponen metas y expectativas demasiado altas y cuando no las alcanzan sienten gran decepción y cuestionan su propia capacidad e inteligencia.

Nuestras metas deben ser realistas, alcanzables y medibles. Y cuando fallamos o perdemos, podemos verlo como aprendizaje o como experiencias que nos ayudarán a mejorar a largo plazo.

En la vida cristiana, asumimos que debemos ser perfectas y cuando no lo logramos, nos podemos sentir como cristianas impostoras. Entonces, muchas presentan una fachada para los demás, pero por dentro se sienten impostoras. Tal vez en las iglesias no se ha enseñado al respecto, pues, aunque seamos cristianas, nunca seremos perfectas, nadie los es, solo Dios.

Lo que nos distingue como cristianos es que fuimos comprados con la sangre de Cristo y en él encontramos la perfección. Lo que nos marca es la sangre de Cristo, y en lo personal, nuestra lucha por mantenernos en obediencia a Dios. Es una lucha porque fallaremos y nuestra naturaleza humana pecaminosa siempre se interpondrá, pero debemos seguir luchando, no en nuestras fuerzas sino en las fuerzas que Dios nos da. Así podemos levantarnos después de nuestros tropiezos y continuar.

Recuerda lo que nos dice 2 Corintios 12:9, RVC: *"«Con mi gracia tienes más que suficiente, porque mi poder se perfecciona en la debilidad.» Por eso, con mucho gusto habré de jactarme en mis debilidades, para que el poder de Cristo repose en mí"*.

2. La falta de autoestima

Genera el sentimiento que no eres suficiente para hacer o para lograr avances en la vida. Se da cuando alguien siente que no es suficientemente inteligente, o bella, o capacitada. Por eso suelen trabajar demasiado o son adictos al trabajo, y no porque les guste el trabajo, sino porque están buscando validez y reconocimiento de otras personas, como su jefe, compañeros de trabajo, a nivel social, etc.

3. Minimizando tus logros

Puede ser que tú seas experta cocinera, experta en alguna actividad o posees muchos años de experiencia ejerciendo tu profesión u oficio o en lo que sea. La manera en la que un experto en su campo experimenta el síndrome del impostor es por miedo de no saber alguna respuesta; es decir, por temor a "no saberlo todo" como experto que es. Y la realidad es que nunca vamos a saberlo todo, seamos expertos o no. Esto se soluciona reconociendo que está bien si no sabemos todo, si no sabemos todas las respuestas.

A quienes ataca este síndrome ven una descripción de un trabajo, y aunque están capacitados, dudan de su capacidad y conocimiento. Entonces, buscan otro certificado o toman otra clase porque se sienten que no saben lo suficiente de lo que son expertos.

Quizás esto lo hayamos sentido en nuestros estudios, en nuestros trabajos, pero también en relación con nuestra propia fe y en relación a nuestra salvación. Si esto te pasa a ti, Dios puede desmantelar cada una de las manifestaciones de este síndrome en tu vida.

Quiero aclarar que no desecho la capacitación, siempre hay algo más que aprender y es bueno hacerlo. Pero apunto a quienes siguen buscando validez o buscan más porque se sienten insuficientes.

¿CÓMO ENFRENTAR ESTE FENÓMENO?

a) RECONOCIÉNDOLO

Debemos reconocerlo y ser más consciente de estos pensamientos. Cuando te sientas impostora pregúntate: ¿Por qué me siento así? ¿Por qué pienso así de mí misma? Verás que la mayoría de las veces no existe realmente una razón lógica. Y cuando afloren pensamientos así debes contrarrestarlos con afirmaciones positivas.

Por ejemplo, si piensas que realmente no eres apta para hacer tu trabajo después de varios años de estudios y de recibir reconocimientos laborales, te hará bien proclamar: "Sé al respecto. Soy inteligente. Hace muchos años que hago esto, etc.".

Y aún más importante que eso, afírmate en lo que dice Dios de ti, con frases como: "Dios ya me ha dado todo lo que necesito para realizar lo que se me ha encomendado"; "Dios me ha empoderado por medio del Espíritu Santo para realizar...". "Dios me ha calificado para esto".

b) RECONOCIMIENTO DE DONES, TALENTOS Y EXPERIENCIAS

Quizás te preguntes si esto sea ser egocéntrica o vanidosa. No, ya que todos poseemos dones, talentos, capacidad, inteligencia y aptitud. Reconocerlo no es ser orgullosas o egoístas.

Muchas veces confundimos la humildad con menospreciar. No hay que menospreciar la inteligencia, las experiencias, los dones y los talentos que Dios nos ha dado. No hay que menospreciar las puertas que Dios te abrió, las dificultades que pasaste para llegar a donde estás, el esfuerzo que hiciste para levantarte o para llegar a una meta. Puedes ser humilde de corazón sin menospreciar lo que has logrado.

c) APRENDIENDO A RECIBIR ELOGIOS

Aprendamos a recibir elogios. Las mujeres que experimentan el síndrome de impostora se les hace difícil aceptar elogios. ¿Por qué? Porque atribuyen su éxito y sus logros a factores externos. Pero cuando algo sale mal, se echan la culpa a sí mismas. Si alguien dice, Mónica, el libro que escribiste está buenísimo, ¡eres buenísima autora! Y lo único que puedo decir es: "esto es porque muchos me ayudaron y el editor hizo muy buen trabajo". Quizás sea cierto todo eso, pero la realidad es que **desvío el elogio** para no aceptarlo. Mujeres, aprendamos a aceptar un elogio. No tiene nada de malo decir: "Gracias, de verdad aprecio tus palabras".

Es importante que cuando alcancemos un logro, lo podamos reconocer y celebrar. ¡No lo ignores! Mira hacia atrás, y enfócate en aquello que has logrado, y celébralo, porque seguro te ha costado mucho tiempo, esfuerzo y recursos. Esa es la realidad, todo cuesta en la vida, entonces debemos ver el cumplimiento de nuestras metas con satisfacción y agradecimiento.

DE IMPOSTORA A IMITADORA

El síndrome de la impostora nos paraliza porque se enfoca en nuestro ser interior. Nos dice que no somos tan buenas como otros y que nunca lo seremos. En cambio, la Biblia nos enseña una forma diferente de vivir. Esta forma enfoca hacia afuera, hacia Cristo. Esta es la mejor manera de librarnos de la paranoia del síndrome de la impostora, enfocándonos en Jesús y en imitarlo. Al seguir este enfoque y a él, encontraremos la perfecta paz para el presente y futuro.

El apóstol Pablo en Romanos 8:29 nos dice que Dios: nos "predestinó a ser transformados según la imagen de su Hijo". Esta verdad nos muestra la manera en la que crecemos: como parte del glorioso plan de Dios. Reconociendo nuestras diferencias con Cristo e imitándolo para ser transformarnos a su imagen. Este proceso nos pone en evidencia que no estamos allí todavía, que es un trabajo que continúa toda la vida.

También en 1 Corintios 11:1, Pablo escribe: "Imítenme a mí, como yo imito a Cristo". Y en 3 Juan 1:11a dice: "Querido hermano, no imites lo malo, sino lo bueno".

El mensaje de la Biblia es claro: **no somos perfectas**, pero el haber sido salvadas por nuestro perfecto Señor Jesús, nos hace que nos enfoquemos en él y que lo imitemos solamente a él.

ENFRENTA ESTE PROBLEMA

Cuando dudamos acerca de nosotras mismas, esto nos detiene para llevar acabo nuestro propósito; y tomar todo lo que Dios provee para nosotras, para nuestras familias y para nuestra comunidad.

Tú eres única y fuiste creada con un propósito, pero si dejas que las dudas, el temor, la baja autoestima te detenga, eso generará más consecuencias de lo que piensas. Por ejemplo, Dios te ha puesto dentro de una familia específica, dentro de una comunidad, en un ambiente de trabajo y entre ciertos círculos de amistades. En todo esto hay un propósito, ya sea para alcanzar a esas personas, para lograr algo juntos, o para cumplir ciertas metas o propósitos. Si estás paralizada por la duda y el temor, ¿cómo alcanzarás a las personas de tu comunidad? ¿Quién va a escribir ese libro que detalla la adversidad y los triunfos que pasaste? ¿Quién dirigirá a tus hijos para que sean todo lo que Dios planeó para ellos?

HIERRO CON HIERRO
se aguza
y el hombre aguza
el rostro de su amigo
– PROVERBIOS 27:7

5

LA VIOLENCIA HORIZONTAL

La mujer ha sido y continúa siendo oprimida, es objeto de abusos, de violencia doméstica, tráfico sexual y hoy continúa enfrentando una gran batalla en contra de todo esto. Pero también hay un tipo de violencia que no hemos mencionado. Desafortunadamente es un tipo de violencia ocasionada por nosotras las mujeres. Es preciso identificarla para poder combatirla.

Nuestra comunidad necesita *más* y *mejores* mujeres líderes, especialmente nuestra comunidad latina. Cuando digo más, me refiero a que los números son casi inexistentes. Cuando digo mejores es porque necesitamos una adecuada preparación cristiana que nos enseñe no solo a pensar en entrenarnos a nosotras mismas, sino a pensar en levantar y entrenar a su vez, a otras líderes, sin que esto menosprecie ni amenace nuestro liderazgo.

Desafortunadamente esto es algo que como mujeres no se nos ha enseñado a hacer. Entonces las pocas mujeres líderes están muy contentas con su posición y poder, y cuando va surgiendo otra líder, sienten que su propia autoridad está amenazada. Entonces, rápidamente la ponen en su lugar y le impiden su crecimiento, en vez de empoderarla, levantarla y guiarla.

¿Por qué es que se da esta práctica tan común entre las mujeres?

Y aquí quiero introducir un concepto que seguramente tú ya has vivido en carne propia, pero que no conoces el nombre del término y se trata de la **violencia horizontal o violencia lateral**.

Este tipo de violencia es dirigida hacia nuestras mismas compañeras, en vez de a nuestros adversarios.

Es una violencia de minorías contra minorías, o de grupos marginalizados contra sí mismos. En este caso, estamos hablando de las mujeres, que somos minoría en el ámbito de poder y de liderazgo. Entonces, por conservar u obtener ese poder o liderazgo, las mujeres se vuelcan las unas contra las otras. Es decir, que se atacan entre ellas, como enemigas, en vez de tornarse en contra del verdadero enemigo en común.

¿CÓMO SE VE ESTE FENÓMENO?

En un mundo dominado por los hombres, especialmente en el ambiente laboral, se nos ha hecho creer que existe una **cuota de poder limitado**. Por lo tanto, un espacio limitado solamente para un pequeño número de mujeres. Y que, para llegar a la cima, el espacio es muy escaso para nosotras las mujeres. Y resulta que nos creemos esto, porque vemos pocos ejemplos de liderazgo de mujeres en la cima.

¿Entonces qué hacemos? Nos volcamos las unas contra las otras, compitiendo entre nosotras, jugando sucio, y dando puñaladas en la espalda. Se convierte en una **olla de cangrejos.**

¿Has escuchado esta expresión antes? En la olla se echan los cangrejos vivos, para su cocción, y en el proceso, cuando el agua comienza a hervir, alguno que otro cangrejo sube por encima de los demás y trata de llegar hasta la parte superior de la olla para poder escapar. ¿Y qué creen que hacen los otros cangrejos? Pues, al ver esto, en vez de ayudarlo a escapar, lo bajan entre todos para que se cocinen todos juntos.

Usamos este ejemplo porque así se opera la **violencia horizontal**, como **una olla de agua hirviendo** con celos, envidia y competencia. Por lo tanto, no hay lugar para alentarnos, apoyarnos las unas a las otras, para practicar la solidaridad y ayuda mutua.

En cuanto alguna sobresale, las otras la quieren destrozar a como dé lugar para bajarla. Cuando como mujeres nos sentimos **amenazadas,** nos volcamos la una contra la otra. Y nos sentimos amenazadas porque vemos a la otra mujer como **competencia.**

Pero tanto la **belleza y/o talento** de una mujer no va a **opacar** la tuya. Que esto te quede muy en claro.

Actuamos así porque nos sentimos inseguras, amenazadas. No conocemos ni reconocemos nuestro valor e inmediatamente que vemos a alguien que consideramos con mucho valor, en cuanto a belleza o talento, nos sentimos opacadas, y sin valor.

O bien, otro mecanismo de defensa que las mujeres utilizan es la estrategia del **distanciamiento.** Cuando ven este surgimiento, se distancian de las otras mujeres que ven como competencia, y empiezan a crear alianzas con los hombres, como una estrategia para sobresalir y **excluir** a quienes ven como competencia.

EL ANTÍDOTO:

1) Trabajar en nuestra autoestima.

Aquí volvemos al tema básico de nuestra identidad, el cual podemos repasar en el libro # 1 de esta serie de libros "¡Levántate Mujer!".

- Aceptarnos de la manera en que Dios nos hizo; con todos los rasgos físicos, la cultura, lengua, etc. Orgullosas de ser quién somos y de dónde venimos.

- Reconocer que somos quienes somos, y que nunca llegaremos a ser alguien que no somos.

- Descubrir y utilizar nuestros dones y talentos.

- Buscar nuestro propósito.

- Reconocer que todas somos diferentes, cada una con sus propias características, habilidades, dones y talentos y propósitos.

2) Solidaridad entre nosotras.

Debemos apoyarnos las unas a las otras, estableciendo redes de comunicación y conexión, promover oportunidades de edificación, crecimiento y desarrollo, para ir avanzando y haciendo **aliadas.**

Seamos mujeres que **incluyen** a otras, y no que excluyen por competencia, envidia y celos. Rompamos con estos tipos de comportamientos tan dañinos y destructivos entre nosotras.

Aquí recordamos los siguientes pasajes bíblicos que nos hablan de la solidaridad y de trabajar en equipo:

a) Dos son mejor que uno, porque ambos pueden ayudarse mutuamente a lograr el éxito (Eclesiastés 4:9-11).

b) Debemos ayudarnos los unos a los otros a llevar nuestras cargas, cumpliendo de esta manera la ley de Cristo (Gálatas 6:2-4).

Estamos combatiendo al **mismo enemigo**: que son las políticas y sistemas que nos oprimen, nos subestiman y no nos dan igualdad de oportunidades, trato o pago.

Podemos juntas y unidas vencer al mismo enemigo, en vez de atacarnos entre nosotras, que no nos lleva a ningún lado, más que a la destrucción de nosotras mismas.

3) Reconozcamos que las mujeres seguimos en una lucha.

Existen **fuerzas de opresión y sistemas patriarcales y machistas** que abusan y oprimen a las mujeres. No seamos parte ni cooperemos con esos sistemas, pues no es lo que Dios quiere para ninguna de nosotras. Debemos unirnos para combatirlos, alentarnos y ayudarnos las unas a las otras para cumplir los propósitos que Dios tiene para cada una, y así extender el reino de Dios.

En los ambientes laborales y en el mundo hay un espacio **limitado** para las mujeres y eso fuerza a muchas a competir. Pero podemos intentar cambiarlo, luchando por una **apertura** de espacios para las mujeres.

Nosotras –como mujeres, latinas e inmigrantes–, quizás estemos en el estrato social bajo y suframos de opresión, y por ello esto es aún más acentuado. Pero no nos olvidemos de que Dios está con los oprimidos, así que podemos estar seguras de que Dios está con nosotras.

Especialmente dentro de nuestra comunidad latina, con las mujeres y con las inmigrantes, hay mucho trabajo que hacer. Hay mucha opresión, injusticia, abusos, en estas minorías en las que nos encontramos. Así que debemos luchar el doble por nuestra condición, para lograr un trato con dignidad y respeto y oponiéndonos a toda la opresión, abusos e injusticia. Y esto solo lo podemos hacer unidas y no compitiendo las unas con otras ni poniéndonos obstáculos o tropiezos.

4) Dejemos de lado las comparaciones y prácticas destructivas.

Romanos 12:15 nos da la clave aquí:

- Alegrémonos con las alegrías de otras.

- Lloren con los que lloran.

Y no tergiversemos esto, alegrándonos con las tristezas de alguien, y llorando con las alegrías de alguien más. ¿Puedes ver claramente esta diferencia? Esto es un veneno que no solamente daña a los demás, sino a quien las practica.

5) Una mujer líder, levanta a otras líderes.

Si te consideras líder y no estás levantando a otras mujeres, estás fuera del propósito de Dios, porque te estás endiosando tú y no estás cumpliendo la obligación de levantar y preparar a otras para continuar con la labor de discipular y expandir el reino de Dios.

Si te sientes amenazada por otra mujer líder que se levanta, es hora de que cuestiones tus motivaciones. Quizás te gusta estar en la cima y que todos estén debajo de ti, y dar órdenes o ser el centro de la atención y no querer compartir tu posición. Pero Dios no quiere esto.

El protagonismo pertenece a Cristo, no a nosotras. Cada vez que nos sentimos amenazadas es porque estamos buscando esa gloria, ese reconocimiento, cuando eso no nos corresponde.

6) La fuerza del amor.

Hay un **poder** que es una **fuente inagotable de recursos: el amor.** Es el poder más grande del mundo. Y ese no es un poder limitado, pues de ese poder hay en **abundancia** y es el que debemos luchar por alcanzarlo para poder brindarlo a nuestras hermanas, alentarlas, edificarlas y ayudarlas en sus luchas.

Recordemos que toda la ley de Dios se basa en estos dos mandamientos: "Amarás al Señor tu Dios con todo tu corazón, y con toda tu alma, y con toda tu mente. Este es el primero y grande mandamiento. Y el segundo es semejante: Amarás a tu prójimo como a ti mismo" (Mateo 22:37-40).

"Por eso, anímense y edifíquense unos a otros" (1 Tesalonicenses 5:11).

¿POR QUÉ ES IMPORTANTE ESTE TEMA?

Sintámonos seguras y orgullosas de quienes somos, de la manera en la que Dios nos hizo a cada una. En él encontramos nuestro valor, en nadie más ni en nada más. Enorgullécete de tu cultura, de tus dones y talentos que te hacen diferente y no te avergüences de quién eres. Y lo que es igual de importante, no trates de ser igual que tu compañera, ni ser alguien que no eres, ni te sientas **menospreciada** u **opacada** cada vez que una mujer obtiene logros o utiliza sus dones y talentos. Al contrario, aliéntala, apóyala, ámala, como tu hermana que es en Cristo. Los dones y talentos de otra mujer, no opacan los tuyos. Cada una con lo suyo.

Permanezcamos **unidas** para cambiar los sistemas patriarcales y machistas que nos oprimen. Podemos hacer más unidas y no tratando de destruirnos las unas a las otras.

Hay muy pocas mujeres latinas líderes, necesitamos más. ¡Crear más líderes es el corazón del Instituto María y Marta! Levantémonos y apoyémonos las unas a las otras, utilizando ese **poder más grande: el amor de Cristo.**

Vayan y hagan
discípulos de todas
las naciones...
ENSEÑÁNDOLES
A OBEDECER
todo lo que les he mandado
— Mateo 28:19-20

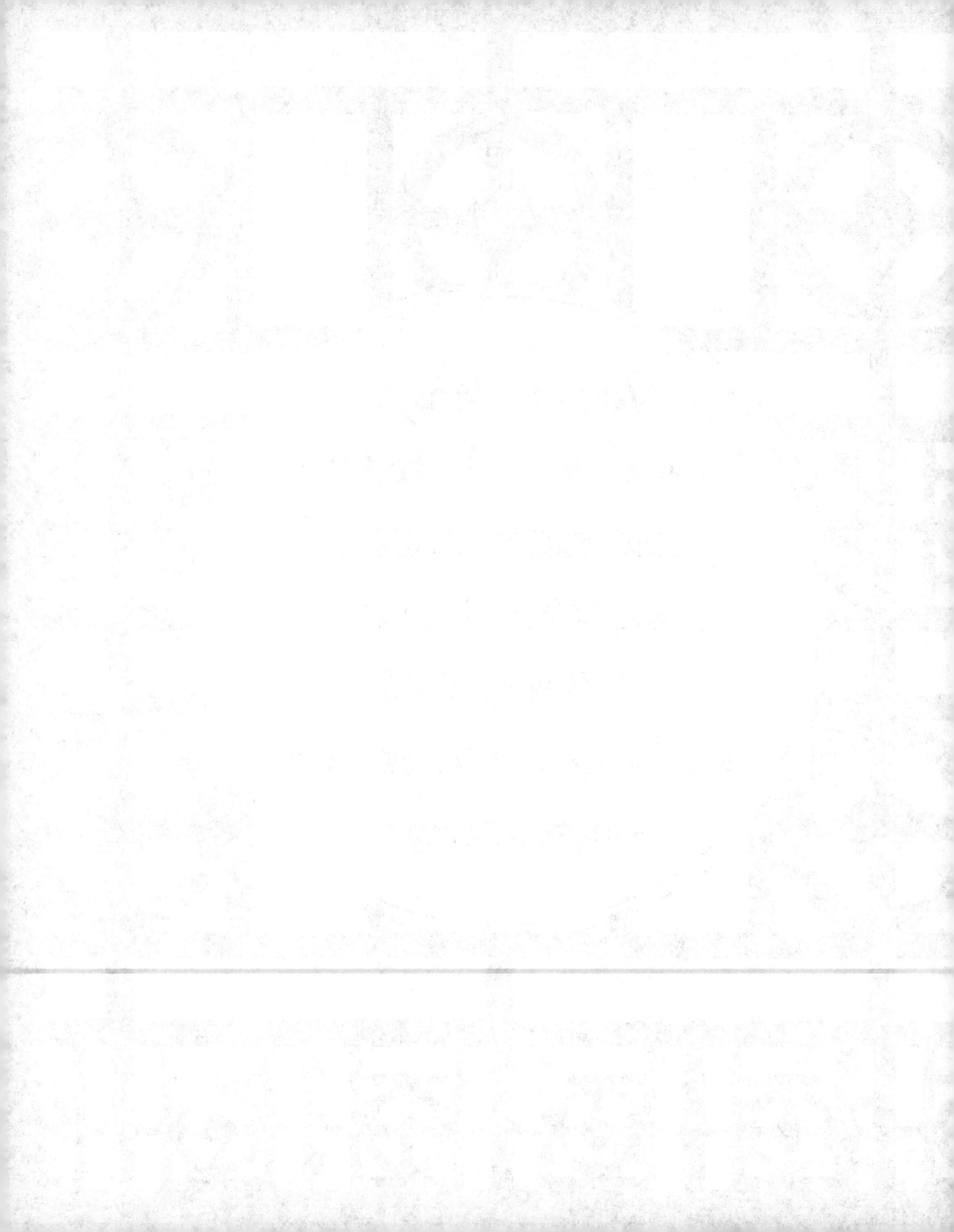

6

LEVANTANDO MÁS LÍDERES

Cuando vemos el liderazgo que existe en el mundo, son muy pocos los buenos modelos de líderes, que más allá de simples palabras, prediquen con su ejemplo. Hay muchos que lideran con opresión y autoritarismo y como figuras centrales de organizaciones, comunidades o países.

El liderazgo de la iglesia desafortunadamente no se ve tan diferente, es un liderazgo que también se encuentra en crisis. Casi sin darnos cuenta, hemos adaptado como nuestro modelo a seguir, el modelo del mundo.

En iglesias se adoptan modelos en donde el líder está en el centro, casi en un pedestal, y se utilizan modelos autoritarios, enfocados en estructuras jerárquicas de poder, con poco o nada de espacio para levantar a otros o para que los miembros de la congregación surjan como líderes.

Hemos olvidado totalmente el primer y más importante modelo de liderazgo que deberíamos seguir. Jesús, el mejor líder que ha existido jamás. Él vino a mostrarnos lo que es ser un verdadero líder, con su modelo radical del líder-sirviente.

Sus enseñanzas y estilo de vida, aparte de ser valiosas y significativas para nuestra vida cristiana, deben ser nuestro modelo a seguir en todo lo que queramos alcanzar. Sin embargo, este prototipo de liderazgo que él nos modeló suele estar muy lejos de lo que seguimos hoy en la organización dentro de las congregaciones.

Jesús cambia radicalmente nuestro concepto de poder, autoridad y estatus. Cuando los discípulos discutían acerca de quién sería el más grande, "Entonces Jesús los llamó y les dijo: «Como ustedes saben, los gobernantes de las naciones las dominan, y los poderosos les imponen su autoridad. Pero entre ustedes no debe ser así. Más bien, aquel de ustedes que quiera hacerse grande será su servidor; y aquel de ustedes que quiera ser el primero, será su esclavo. Imiten al Hijo del Hombre, que no vino para ser servido, sino para servir y para dar su vida en rescate por muchos.»" (Mateo 20:25-28, RVC).

Hoy muchos quieren ser los primeros y estar en la cima; pero de acuerdo con Jesús, los que quieren ser primeros tendrán que ser los últimos.

¿QUÉ TIPO DE LIDERAZGO NOS MODELÓ JESÚS?

Jesús vino a traer cambios radicales, y uno de esos fue, el liderazgo que el mismo nos modeló.

Juan 13:3-14 nos dice: "Sabía Jesús que el Padre había puesto todas las cosas bajo su dominio, y que había salido de Dios y a él volvía; así que se levantó de la mesa, se quitó el manto y se ató una toalla a la cintura. Luego echó agua en un recipiente y comenzó a lavarles los pies a sus discípulos y a secárselos con la toalla que llevaba a la cintura. Cuando llegó a Simón Pedro, este le dijo:

—¿Y tú, Señor, ¿me vas a lavar los pies a mí?

—Ahora no entiendes lo que estoy haciendo —le respondió Jesús—, pero lo entenderás más tarde.

—¡No! —protestó Pedro—. ¡Jamás me lavarás los pies!

—Si no te los lavo, no tendrás parte conmigo.

—Entonces, Señor, ¡no solo los pies, sino también las manos y la cabeza!

—El que ya se ha bañado no necesita lavarse más que los pies —le contestó Jesús—; pues ya todo su cuerpo está limpio. Y ustedes ya están limpios, aunque no todos. Jesús sabía quién lo iba a traicionar, y por eso dijo que no todos estaban limpios. Cuando terminó de lavarles los pies, se puso el manto y volvió a su lugar. Entonces les dijo:

—¿Entienden lo que he hecho con ustedes? Ustedes me llaman Maestro y Señor, y dicen bien, porque lo soy. Pues, si yo, el Señor y el Maestro, les he lavado los pies, también ustedes deben lavarse los pies los unos a los otros".

LAS LECCIONES QUE APRENDEMOS DEL LIDERAZGO DE JESÚS EN ESTE PASAJE:

1. Esto representaba la vida entera y liderazgo de Jesús.

Lo que Jesús hizo esa noche al lavar los pies a los discípulos, claramente muestra su actitud total desde que se hizo hombre, puso a un lado su gloria y sus privilegios como rey e Hijo de Dios. Él lavó los pies de sus discípulos, esos pies tan sucios y malolientes después de caminar todo el día en la tierra y bajo el sol.

La labor de lavar los pies era una labor propia de los sirvientes, de los que ocupaban el puesto más bajo en la escala social, el acto más denigrante. Y esto no fue el único acto denigrante en la vida de Jesús, recordemos también que él no tuvo una muerte cualquiera, sino una muerte en la cruz, como si fuera un gran criminal.

Veamos a Jesús, despojándose de su túnica y a la vez de todo trazo de realeza y privilegio, poniéndose de rodillas y limpiando los pies sucios de aquellos a los que él había llamado para que le siguieran, como un símbolo perfecto de su vida misma y de su liderazgo.

2. Jesús revela su perspectiva en cuanto al poder.

Pedro, como muchos de los seguidores de Jesús, quería que Jesús encajara en las ideas de realeza y privilegio en donde el líder debía de ser exaltado.

Al lavarles los pies a sus discípulos, Jesús desmanteló el concepto de posición, poder y orden de jerarquía. Jesús vino a poner de cabeza ese orden y nos reveló que aunque es Dios deja su trono y se entrega al servicio.

Justo antes de llegar a Jerusalén esa semana, Jesús les dijo a sus discípulos: "Porque el Hijo del Hombre no vino para ser servido, sino para servir, y para dar su vida en rescate por muchos" (Marcos 10:45, RV60). En esta declaración, Jesús da vuelta todo.

3. Nos enseña que servimos a Dios al servir a otros.

Después de lavarles los pies, Jesús les dijo a sus discípulos: "¿Entienden lo que he hecho con ustedes? Ustedes me llaman Maestro y Señor, y dicen bien, porque lo soy. Pues, si yo, el Señor y el Maestro, les he lavado los pies, también ustedes deben lavarse los pies los unos a los otros" (Juan 13:12-14).

¡Qué declaración tan profunda! Jesús no les pide a cambio, que ahora le laven los pies a él, sino que les dice que ahora se encarguen los unos de los otros, que se sirvan y que se laven los pies unos a otros.

Y allí estamos tú y yo, estamos todos, la manera de servirnos es lavarnos los pies unos a otros.

Esto es muy profundo porque significa que vamos a amar y a confiar en otros para empoderarlos con la información, autoridad y recursos, así como también al darles responsabilidades para que lleguen a ser lo mejor que pueden ser. Esto significa que, aunque fracasen, los alentaremos nuevamente para que se vuelvan a arriesgar.

Este tipo de liderazgo que nos modela Jesús nos muestra que no necesitamos ser la fuente de toda buena idea, pero que descubriremos juntos la visión.

Esto incluye crear una atmósfera en la que las personas expresen y defiendan su pasión y tratar a cada una con el entendimiento sagrado de que son creados de manera única a la imagen de nuestro Creador y no de la nuestra.

Este liderazgo nos motiva a alentar a las personas para que tomen decisiones y busquen los sueños y propósitos que Dios les ha dado y que celebremos sus logros.

Y lo más importante que este liderazgo nos refleja, es que debemos servir a aquellos que lideramos, y no para que ellos nos sirvan a nosotros de regreso, sino para que ellos vayan, y a su vez, sirvan a otros. He aquí el meollo del asunto, el liderazgo no debe girar alrededor de nosotros, sino debe producir una dinámica que empodere y levante a otros.

EL LÍDER SIRVIENTE

Este tipo de liderazgo, que es tan raro, es el que se conoce como el **liderazgo servicial**. Aquí, el líder comprende que el liderazgo consiste en ayudar a los demás a alcanzar sus sueños, metas y propósitos.

A primera vista, no podemos entender cómo dos conceptos que son aparentemente contradictorios, vayan juntos. ¿Cómo puede ser que el líder (autoridad máxima) pueda ser a la vez sirviente? Siguiendo el modelo de Jesús y sus enseñanzas, vemos que sí es posible y que él nos ha modelado ya ese liderazgo.

¿CÓMO LOGRAMOS ENTONCES, ESTE TIPO DE LIDERAZGO?

1. Estableciendo relaciones genuinas con las personas.

No existe una receta para esto. Esto no es nada más que un caminar, compartir y demostrar un interés genuino por las personas y por su bienestar. Esto se traslada en la práctica en invertir tiempo para conocerlos, ayudarlos con sus necesidades y problemas, alentarlos a perseguir sus metas y propósitos, a usar sus dones y talentos. Esto crea confianza, pues uno percibe que la persona se interesa en su bienestar y se siente querido.

Jesús invirtió tiempo en las personas. Siempre estuvo rodeado con su íntimo grupo de discípulos, con sus seguidores, con amigos como María, Marta y Lázaro, haciendo llamados a otros de una manera personal, en conversaciones individuales e íntimas, aprovechando cada encuentro, siempre socializando, viajando y comiendo con otros, como, por ejemplo:

- A Pedro lo invita a "ser pescador de hombres".

- Con la mujer samaritana conversa personalmente y se preocupa por ella.

- Invierte tiempo en conversaciones nocturnas, respondiendo las preguntas que turbaban a Nicodemo, uno de los fariseos que luego se convirtió.

- Con Zaqueo, el recolector de impuestos, quien era mal visto en la sociedad, cuando Jesús pide ir a su casa y se sienta con él a comer en la mesa.

2. Activando la influencia, no el poder coercitivo.

Jesús nos demuestra que el liderazgo se activa por la influencia, no por coerción. Jesús no ejercía poder jerárquico sobre los que lideraba. Todos estaban libres para seguirlo o dejarlo y rechazar su invitación, lo mismo ocurre hoy.

Dios nos creó a todos con libertad de escoger, y esto ha sido uno de los actos más profundos de auténtico liderazgo de nuestro Dios.

La capacidad de influenciar a otros es una característica principal que distingue a los líderes de los seguidores. Los verdaderos líderes en una organización no son necesariamente los que ocupan un puesto de liderazgo en el organigrama. Los verdaderos líderes son los que pueden influenciar tanto a los de arriba como a los de abajo en el organigrama. Una forma en la que determinamos si una persona es líder, es evaluando a los demás, si lo siguen porque quieren hacerlo (con libre albedrío) o porque están obligados a hacerlo.

3. Buscando el potencial de los seguidores por encima del beneficio propio.

Lo que distinguió el liderazgo de Jesús de otros modelos de liderazgo es la manera en la que él puso como prioridad el potencial de sus discípulos y seguidores. Jesús tenía la **"mentalidad del reino"** y, por lo tanto, se enfocaba en el potencial de cada uno de sus seguidores para cumplir el propósito del reino. No se enfocaba en su bienestar o en el bienestar de ninguna entidad u organización religiosa.

Jesús no invirtió su vida en los otros para obtener una organización exitosa. Jesús invirtió su vida en las personas, para que ellos pudieran crecer y alcanzar su potencial máximo para engrandecer el reino de Dios.

Durante los tres años de su ministerio, levantó a sus discípulos que fueron transformados para alcanzar su máximo potencial. Constantemente retó los sistemas religiosos y a sus líderes.

La mayoría de su tiempo se dedicó a enseñar y predicar con el objetivo de transformar vidas y de reproducirse en los corazones de cada uno de los que llevarían la antorcha después de que él partiera de este mundo.

¡Y esto continúa también hoy! Dios nos pasa la antorcha no para que nos la quedemos y seamos nosotros los que brillemos, sino para que la pasemos a otros. Esta antorcha es la llama de las enseñanzas de Jesús. El objetivo es pasarlas a otros para expandir el reino de Dios y cumplir de esta manera la gran comisión.

Si has recibido la antorcha, ¿en qué manera estás alentando a los que están a tu alrededor? ¿Cómo estás usando tu influencia en tu círculo de amistades, familia, compañeros de trabajo o hermanos en Cristo? ¿Tu mentalidad es la del Reino?

Así como Jesús, debemos utilizar nuestra influencia para servir y ayudar a los demás a que cumplan con las metas y propósitos a las que Dios los ha llamado. Así continuamos pasando la antorcha y expandiendo el reino de Dios.

Y aquí llegamos al corazón del Instituto María y Marta, tomando como modelo el liderazgo de Jesús, de **líder-sirviente**. Queremos replicar ese mismo modelo en todas las mujeres que se unan al programa, para que descubran el propósito para el cual fueron creadas. Deseamos que pongan en práctica sus dones y talentos para la gloria de Dios y para el bien del reino de Dios, y ellas a su vez sigan pasando la antorcha a otras mujeres más.

Y a cualquiera
que te obligue a llevar
carga por una milla,
ve con él dos
- Mateo 5:41

7

UNA MUJER SOLIDARIA

A raíz de la pandemia que estamos sufriendo en este tiempo, escuchamos alrededor del mundo expresiones de "solidaridad mundial" en apoyo a los más vulnerables y como una manera de frenar el contagio inminente. Los mensajes de solidaridad dicen "estamos en esto juntos" y frente a la adversidad y ante este enemigo silencioso y sin barreras, nos pudimos dar cuenta, cuán dependientes somos los unos de los otros.

¿Y QUÉ ES LA SOLIDARIDAD?

Solidaridad es la unidad o acuerdo entre individuos con un mismo interés. Así vemos a equipos, clubs, organizaciones cuya base es la solidaridad de sus miembros. Creamos solidaridad cuando tendemos a movernos entre grupos de personas que piensan o creen de la misma manera que nosotros. La solidaridad nos da soporte emocional y compañerismo porque conectamos con personas que piensan como nosotros. La solidaridad nos permite también trabajar juntos hacia un objetivo común, para poder lograr más de lo que una sola persona podría hacerlo.

La solidaridad cristiana es uno de los temas principales en el Nuevo Testamento (Romanos 15:5-6; Filipenses 2:2).

"Trata a los demás como quieres que te traten", comúnmente conocida como "**La regla de Oro**", es un principio bíblico.

En Lucas 6:31, Jesús dice: "Traten a los demás tal y como quieren que ellos los traten a ustedes". Este versículo está en el contexto de una enseñanza de Jesús acerca de amar a nuestros enemigos. Esta forma de tratar a los demás es contraria a lo que nos dice el mundo. Pero Jesús nos dice, que no debemos darle a otros el mismo trato del que nos han dado a nosotros, o darles lo que se merecen, sino tratarlos de la manera en que queremos que ellos nos traten a nosotros.

Una forma práctica de **amar de mejor manera** a los demás es **ponernos en su lugar**. Cuando pausamos y pensamos cómo me gustaría ser tratado en una situación así, entonces creamos empatía por los que están pasando por esa situación. ¿Queremos ser tratados con amor y respeto? Entonces, debemos regalarles ese mismo trato. Jesús oró para que sus seguidores demostraran solidaridad en el mundo: "para que todos sean uno. Padre, así como tú estás en mí y yo en ti, permite que ellos también estén en nosotros, para que el mundo crea que tú me has enviado" (Juan 17:21). Nuestra solidaridad y amor por cada uno, demuestra el amor de Dios al mundo.

El apóstol Pablo también explicó cómo mantener la solidaridad entre los creyentes. En Filipenses 2:2-4 dice, "Llénenme de alegría teniendo un mismo parecer, un mismo amor, unidos en alma y pensamiento. No hagan nada por egoísmo o vanidad; más bien, con humildad consideren a los demás como superiores a ustedes mismos. **Cada uno debe velar no solo por sus propios intereses, sino también por los intereses de los demás**".

Pedro animaba a los creyentes para que "… vivan en armonía los unos con los otros; compartan penas y alegrías, practiquen el amor fraternal, sean compasivos y humildes" (1 Pedro 3:8).

Una falta de solidaridad es destructiva: "Pero, si siguen mordiéndose y devorándose, tengan cuidado, no sea que acaben por destruirse unos a otros" (Gálatas 5:15).

Las únicas veces en las que la solidaridad tiende a ser mala y destructiva, es cuando está centrada en una ideología para hacer el mal. Como los terroristas y los grupos de supremacía blancos, ellos son solidarios pero su unidad parte del odio. Esto no es la solidaridad cristiana que estamos mencionando.

Existen dos aspectos claves de la solidaridad

1) La solidaridad requiere que estemos relacionados con otros. No podemos estar en solidaridad solos. No podemos decir que somos solidarios y no estamos invirtiendo en otros o involucrados de alguna manera con comunidades o grupos de personas que necesiten de nuestra influencia.

2) La solidaridad requiere de nosotros sacrificio y produce cambios. Esto nos reta y hace que nos cuestionemos: ¿Qué es lo que estoy dispuesta yo a renunciar para asegurar el bienestar de otros, aunque estos sean diferentes a mí?

Para sobrevivir los desastres naturales, guerras y pandemias, las sociedades han recurrido a un recurso poderoso que es la **solidaridad social** o la interdependencia entre individuos y entre grupos. Esta es una herramienta indispensable para combatir cualquier virus, enfermedades contagiosas y amenazas colectivas. La solidaridad nos motiva a promover la seguridad y salud pública, no solo la personal. Evita que acumulemos en demasía comida, medicinas, elementos innecesarios (como papel higiénico) y no pensemos en las necesidades de los demás. La solidaridad nos lleva a pensar en la vecina que es madre soltera, en el hermano que perdió su trabajo, en la hermana que está pasando crisis económica y carece de dinero para comprar comida.

La solidaridad social lleva a la creación de políticas que traigan bienestar social, aunque resulte en sacrificios personales.

Vivimos momentos de crisis de solidaridad en este país. La necesitamos para enfrentar las consecuencias devastadoras de la pandemia del coronavirus. Hay muchas razones para estar escépticos. Estamos políticamente divididos, con mucha fragmentación social, carencia de buen liderazgo, sobreabundancia de información y la falta de confianza en las autoridades y sus decisiones. En este contexto, las personas tienden a tomar sus propias medidas para protegerse a sí mismos y a sus familias. Entonces, la preocupación por el bien común tiende a disminuir. Nos ponemos nosotros primero y no el bien de los demás.

Esto constituye un grave peligro y debemos luchar para generar una solidaridad cristiana verdadera en donde no permitamos que esto suceda más. Cuando enfrentamos una crisis en general, debemos buscar la **oportunidad** para traer cambios para bien de nuestras comunidades y sociedades. A lo largo de la historia, la crisis trae oportunidades de cambios necesarios. La crisis de la pandemia puede ocasionar que el mundo entero, redescubra en su ser colectivo, su mejor parte y pongamos el bien común antes del bien personal.

Una solidaridad cristiana fuerte se moviliza para traer ayuda a las personas que lo necesiten. Las crisis que enfrentamos en el mundo, sean desastres naturales, pandemias, guerras, crisis económicas, etc., no impactan a todas las comunidades o grupos de igual manera. Siempre existen grupos marginales que viven en pobreza, afectados más directamente que otros. Nuestra comunidad latina es de las más impactadas en este país con la pandemia, porque ya de por sí éramos vulnerables antes de esta, por muchos factores como la salud, lo económico y social, y entonces más que nunca debemos salir a ayudarnos los unos a los otros.

Busquemos siempre la manera de proteger a estas personas más vulnerables, porque existan recursos y mecanismos adecuados para brindar ayuda.

EL CUERPO DE CRISTO

Se utiliza la analogía del cuerpo humano pues, aunque es uno solo, posee muchos miembros, y todos los miembros, no obstante que son diferentes, cumplen una función para que el cuerpo opere en armonía.

... Así sucede con el cuerpo de Cristo. Todos fuimos bautizados por un solo Espíritu para constituir un solo cuerpo —ya seamos judíos o gentiles, esclavos o libres—, y a todos se nos dio a beber de un mismo Espíritu.

Ahora bien, el cuerpo no consta de un solo miembro, sino de muchos. Si el pie dijera: «Como no soy mano, no soy del cuerpo», no por eso dejaría de ser parte del cuerpo. Y, si la oreja dijera: «Como no soy ojo, no soy del cuerpo», no por eso dejaría de ser parte del cuerpo. Si todo el cuerpo fuera ojo, ¿qué sería del oído? Si todo el cuerpo fuera oído, ¿qué sería del olfato? En realidad, Dios colocó cada miembro del cuerpo como mejor le pareció. Si todos ellos fueran un solo miembro, ¿qué sería del cuerpo? Lo cierto es que hay muchos miembros, pero el cuerpo es uno solo.

El ojo no puede decirle a la mano: «No te necesito». Ni puede la cabeza decirle a los pies: «No los necesito». Al contrario, los miembros del cuerpo que parecen más débiles son indispensables, y a los que nos parecen menos honrosos los tratamos con honra especial. Y se les trata con especial modestia a los miembros que nos parecen menos presentables, mientras que los más presentables no requieren trato especial. Así Dios ha dispuesto los miembros de nuestro cuerpo, dando mayor honra a los que menos tenían, a fin de que no haya división en el cuerpo, sino que sus miembros se preocupen por igual unos por otros. Si uno de los miembros sufre, los demás comparten su sufrimiento; y, si uno de ellos recibe honor, los demás se alegran con él.

Ahora bien, ustedes son el cuerpo de Cristo, y cada uno es miembro de ese cuerpo (1 Corintios 12:12-27).

Vemos que todo esto de la solidaridad parte del concepto del cuerpo. El cuerpo humano opera bien porque todas las partes trabajan cumpliendo su función única. Todos tienen asignada su labor y eso hace posible que haya una armonía en el funcionamiento del cuerpo.

Si una de las partes del cuerpo está afectada, la consecuencia natural es que afecte el buen funcionamiento del resto del cuerpo y, por lo tanto, es necesario que le prestemos atención.

El cuerpo de Cristo funciona de la misma manera. Es un cuerpo con muchos miembros, que somos todos los cristianos. Todos formamos parte del cuerpo de Dios y cumplimos una labor dentro de él. No hay labor que sea mejor que otra, son diferentes, pero todas igualmente valiosas. Y para que el cuerpo funcione bien, todos los miembros o partes, deben estar saludables. Si existe algún mal funcionamiento se lo debe atender y reparar, pues de lo contrario, afectará al resto.

Para funcionar en armonía, no podemos decir que no necesitamos a una parte o considerarla menos importante que otra. Cuando una parte sufre, sufrimos todos.

Ahora con la pandemia nuestra comunidad latina es de las más afectadas. Vemos mucha necesidad: desempleo, enfermedad, muerte. Hoy más que nunca nos necesitamos los unos a los otros, necesitamos ser solidarios para proporcionar esa ayuda a los que más lo necesitan y para poder superar estas crisis con victoria. Cuando un grupo practica la solidaridad cristiana, es una **fuerza de bien** en su comunidad y en el mundo entero.

AHORA,

eres el cuerpo de Cristo

y cada uno de ustedes

es una parte de él

– 1 CORINTIOS 12:27

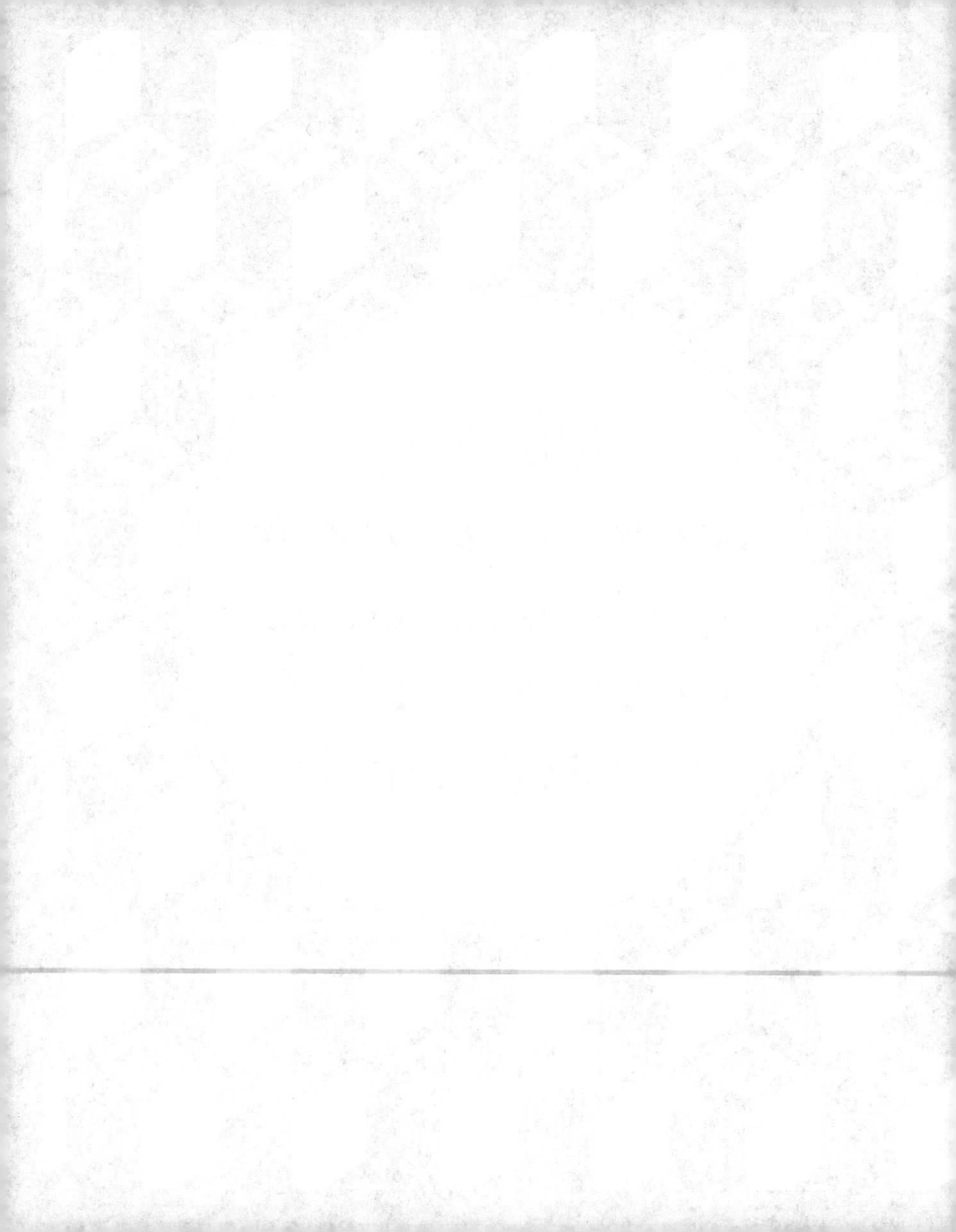

8

CONECTAR Y BUSCAR ALIANZAS
NETWORKING

Dios nos hizo seres sociales y nos necesitamos los unos a los otros. **¿Sabías que este concepto de *networking* o estableciendo redes sociales de conexión y comunicación está en la Biblia?** Y no estamos hablando de Facebook ni de ese tipo de redes sociales... Así que indaguemos en este tema para saber de qué tipo de *networking* estamos hablando y la manera en la que Dios quiere que lo hagamos.

1. ASPECTO BÍBLICO

En Lucas 9:49-50, Jesús y Juan mantienen una conversación corta, pero poderosa.

> "—Maestro —intervino Juan—, vimos a un hombre que expulsaba demonios en tu nombre; pero, como no anda con nosotros, tratamos de impedírselo.
>
> —No se lo impidan —les replicó Jesús—, porque el que no está contra ustedes está a favor de ustedes".

¿Ves esto? Jesús no asumió que su grupo era el único que hacía lo correcto. Así nosotros, específicamente nuestra congregación, denominación o grupo, tampoco somos los únicos que estamos haciendo el trabajo de Dios. Y en lugar de estar viendo cuáles son las causas que nos **dividen**, debemos buscar aquellas que nos unen, y si Cristo está en el centro, entonces debemos buscar **unidad**, en vez de divisiones.

Lo que debemos ver es eso, si no están en contra de nosotros, están a nuestro favor. Y si Cristo está el centro, esto nos debe bastar. Esto nos une a todos.

Nuestro enemigo es el mismo, y somos más fuertes cuando trabajamos juntos, que separados. ¿Quién gana cuando la iglesia se **divide**? ¡Gana Satanás! ¡Divide y conquistarás! Y si nosotros no luchamos por mantener la unidad, a pesar de nuestras diferencias teológicas, entonces Satanás gana territorio dividiendo a la iglesia que debe ser una sola en Cristo.

Pablo utiliza la frase, "el cuerpo de Cristo", para describir a la iglesia.

En 1 Corintios 12:27 dice: "Ahora bien, ustedes son el cuerpo de Cristo, y cada uno es miembro de ese cuerpo". Esto no se lo dice a una sola iglesia, sino a muchas. Cada una de estas iglesias forman el cuerpo de Cristo.

Para Pablo, aunque había muchas congregaciones, y diferentes lenguajes, la iglesia era una sola, pues había un mismo entendimiento: todas pertenecían a Cristo.

Hoy, aunque hay muchas congregaciones y denominaciones, hay una **sola iglesia, un solo cuerpo de Jesús,** que unifica a toda la diversidad de pensamiento y de expresión.

Esto es la base fundamental que debemos creer y aplicar en lo que hagamos y en el porqué de la convivencia con otros, sin estar enfocados en la denominación de la iglesia a la que vas, pues todo es debatible menos la confianza en Cristo. Como el mismo Jesús dice, mientras los demás no estén en contra de nosotros, están con nosotros.

Hacer alianzas, contactos o conexiones con otras iglesias es una tarea bíblica. Es hacer a un lado nuestras diferencias y unirnos en servicio con Cristo, para apoyarnos los unos a los otros, aunque nuestro lenguaje acerca de él sea diferente y aunque estemos seguros de que podemos hacerlo por nuestra cuenta.

2. ASPECTO ESPIRITUAL

Aquí mencionaremos la palabra *koinonia*, que es un vocablo griego utilizado en el Nuevo Testamento para describir a las comunidades de una misma identidad, entendimiento, apoyándose o siendo solidarias entre ellas.

Esto traspasa las barreras sociales y abre un espacio para que las personas puedan ser entendidas, escuchadas, para sentirse conectadas y amadas. Es una comunidad de interdependencia, no de independencia.

No fuimos creados para ser *independientes*. Desde el inicio de la creación el mismo Dios manifiesta que no es bueno que el hombre esté solo y por eso crea a Eva para ser la compañera de Adán.

Hoy, el mundo nos bombardea con ese afán de la independencia y de que yo lo puedo hacer solo, que no necesito a nadie, pero eso es una **mentira muy grande**.

Dios nos hizo seres sociales y nos necesitamos los unos a los otros.

La vida es muy dura para intentar llevarla solos, eso no necesariamente significa el tener una pareja, eso es muy diferente. Me refiero a esa *koinonia*, a esa comunidad de apoyo, en donde puedas ser entendida, escuchada, conectada y amada.

No fuimos creados para estar independientes de Dios ni tampoco los unos de los otros.
Es más, necesitamos conexiones espirituales profundas si vamos a convertirnos en las personas que Dios quiere que seamos. La gran mayoría de las iglesias se han dado cuenta, de una u otra manera, que necesitan el apoyo de otras iglesias. Es más, necesitan una misma identidad con otras iglesias para poder funcionar y operar de la manera que Dios quiere que lo hagamos, unidos en él.

Eclesiastés 4:9-12 dice: "Más valen dos que uno, porque obtienen más fruto de su esfuerzo. Si caen, el uno levanta al otro. ¡Ay del que cae y no tiene quien lo levante! Si dos se acuestan juntos, entrarán en calor; uno solo ¿cómo va a calentarse? Uno solo puede ser vencido, pero dos pueden resistir. ¡La cuerda de tres hilos no se rompe fácilmente!".

Gálatas 6:2-4, NTV dice: "Ayúdense a llevar los unos las cargas de los otros, y obedezcan de esa manera la ley de Cristo. Si te crees demasiado importante para ayudar a alguien, solo te engañas a ti mismo. No eres tan importante. Presta mucha atención a tu propio trabajo, porque entonces obtendrás la satisfacción de haber hecho bien tu labor y no tendrás que compararte con nadie".

Dos son mejor que uno

Vemos que juntos, en comunidad, en *koinonia*, es el plan de Dios, así es como podemos lograr alcanzar mayores objetivos y cumplir el propósito de Dios para nuestras vidas.

Edificándonos, alentándonos y ayudándonos a llevar las cargas los unos a los otros, así estamos obedeciendo la ley de Cristo.

3. EJEMPLOS DE *NETWORKING* EN LA BIBLIA

a) La sirvienta de Naamán sabía que Elías podía sanarlo de su lepra y le sugiere a Naamán que vea al profeta Elías. Hace la conexión para el beneficio de su amo.

b) Juan el Bautista cambió la vida de sus discípulos Andrés y Felipe cuando los conectó con Jesús. Luego Andrés introdujo a Pedro con Jesús y Felipe trajo también a su amigo Natanael con Jesús. ¿Te das cuenta de cómo funcionan estas redes de conexión?

c) Jesús se presentó a Santiago, Juan y Mateo. **Mateo** invitó a sus amigos, recolectores de impuestos y otros a una cena para que pudieran conocer a Jesús.

d) Cuatro compañeros que escucharon acerca de Jesús, llevaron a su amigo enfermo para que Jesús lo sanara y lo bajaron por un hoyo en el techo.

e) El apóstol Pablo era excelente en *networking*. Él se mantenía en contacto con las personas a través de muchas **cartas**. Escribía, incluso cuando estaba preso, conectaba a unos con otros, daba instrucciones, consejos, guía, velaba por hermanos para que se ayudaran los unos a los otros.

f) Pedro y los otros discípulos permanecieron conectados después de que Jesús los dejó y su red creció. Y hoy nosotros somos los beneficiarios de ese *networking* que ellos hicieron. Debemos continuar estableciendo estas redes, anunciando el evangelio y trayendo a más personas a los pies de Cristo.

4. ¿QUÉ NECESITAMOS PARA HACER ESE *NETWORKING*?

a) Corazones abiertos y dispuestos a tomar riesgos: valor y salir de nuestra zona de comodidad, para hablarle a alguien, invitarlo, incluirlo… Habrán éxitos y fracasos, pero el que no arriesga, no gana.

b) Búsqueda de relaciones auténticas, profundas: Esto es vital pues no podemos saber lo que las personas hacen o necesitan si no nos interesamos en conocerlas. Necesitamos ir más allá de las redes sociales de tecnología como Facebook, en donde las personas con miles de amigos virtuales se han sentido más solas y aisladas que nunca.

c) Humildad: Para alcanzar verdaderamente esa *koinonia*, combatamos esa mentalidad de independencia y autosuficiencia que nos vende el mundo. Y esto solo lo podemos hacer con una reflexión y en actitud de humildad.

No es fácil pedir ayuda, ni buscar esas conexiones, alianzas o comunidad, pero es lo que necesitamos, aunque nos neguemos a ver.

En un mundo cada vez más desconectado y aislado por la tecnología, esa lucha para la *koinonia*, debe ser más fuerte.

d) Enfoquémonos en lo que nos <u>une</u> y no en lo que nos divide. Nuestra confianza en Cristo nos une y eso debe ser suficiente. Si nos enfocamos en aspectos teológicos o de interpretación irrelevante, Satanás gana porque divide a la iglesia.

5. BENEFICIOS DEL *NETWORKING*:

a) Ayuda a formar nuevas relaciones y esto no solo a ampliar tu red social, sino que además posibilitará **ayudar a los demás,** porque al estar conectada puedes hacer conexiones de necesidad y oportunidad.

b) Los cristianos necesitamos establecer redes unos con otros. Estableciendo esas relaciones y conexiones se podrá solidificar y reafirmar nuestra fe, pues al hacerlas, nos estaremos ayudando y alentando unas a otras, de la manera que Dios lo ha dispuesto.

Todo empieza con **un corazón abierto y un espíritu dispuesto**. El siguiente paso es hacer una llamada, una cita para tomar café, o una invitación a comer juntos, a orar juntos y acompañar historias. La colaboración de unos con otros es un ministerio que fomenta el desarrollo de confianza y la convicción de que hay muchos cristianos, muchas congregaciones, pero en realidad **un solo Dios** que nos une a todos y que quiere que colaboremos mutuamente.

No estás sola, y queremos que sientas y afirmes esta verdad en tu interior.

En el Instituto María y Marta, como institución educativa que somos, queremos conectarnos contigo, ofrecer todo tipo de recursos a nuestro alcance, ya sean educativos, sociales y económicos. Y además, conectarte con otras mujeres cristianas que te ayuden, que te inspiren y motiven para encontrar el propósito para el cual fuiste creada.

¡Aprendan a hacer el bien
¡Busquen la justicia
y reprendan al opresor!
¡Aboguen por el huérfano
Y DEFIENDAN A LA VIUDA!
— Isaías 1:17

9

UNA MUJER ACTIVISTA, QUE BUSCA LA JUSTICIA

Todos queremos justicia. Nos demos cuenta o no. Yo no puedo ni siquiera enumerar todas las veces que mi hija me dice que "no es justo", cuando ve a su hermano con algo más grande o mejor de lo que ella ha recibido. Si él recibió una porción de pastel más grande, ella clama que no es justo, pregunta por qué el de ella es más pequeño.

¿No te sientes así en la vida?

Ya sea porque es más grande o mejor, o extra, o que no sea equitativo, siempre deseamos que todo sea justo y equitativo. Cuando no vemos la justicia, inmediatamente lo que vemos son **favoritismos, preferencias y privilegios,** ya sea por una persona o grupo por encima de otro. Y este es el **pecado mismo** que experimentamos y trae destrucción, exclusión, diferencias en el trato, desigualdad, sufrimiento y opresión.

¿Has visto la imagen de la justicia?, representada por una mujer vendada (o sea, que no ve) para mantenerse objetiva, imparcial. Además, en su mano izquierda lleva una espada, (de doble filo como símbolo de protección, de autoridad, de aplicación del castigo a cualquier parte) y en la mano derecha, una balanza perfectamente balanceada, que significa la equidad entre intereses de ambos individuos. En sí, esta imagen representa la imparcialidad en el juicio, pues simplemente no ve, no ve color, ni raza, ni clases sociales, ni intereses personales, ni favoritismos, ni preferencias, ni privilegios.

Como latinas, podemos ver muy de cerca la falta de justicia, pues en este país vivimos esa realidad todos los días, con las deportaciones, la separación familiar, abusos de poder de los policías y de las autoridades. Y en realidad, esto lo vemos en todas partes, no solo aquí, dondequiera que vivas, la injusticia, siempre es un tema relevante, ¡así como el clamor por la justicia!

¡A mí me apasiona hablar de este tema, es mi tema favorito y mi llamado por justicia es grande! Es el llamado de Dios para mí a buscar justicia, a velar por el oprimido, por el débil, ¡siempre! ¡Y este llamado no es solo para mí, sino para todos!

Debido a sucesos que están pasando en el mundo, puede que no entendamos o nos sintamos confundidas y para esto acudamos siempre a la palabra de Dios y a la oración.

PARÁBOLA DE LA VIUDA INSISTENTE QUE CLAMABA POR JUSTICIA FRENTE A UN JUEZ INJUSTO

En Lucas 18:1-8 leemos: "Jesús les contó a sus discípulos una parábola para mostrarles que debían orar siempre, sin desanimarse. Les dijo: «Había en cierto pueblo un juez que no tenía temor de Dios ni consideración de nadie. En el mismo pueblo había una viuda que insistía en pedirle: "Hágame usted justicia contra mi adversario". Durante algún tiempo él se negó, pero por fin concluyó: "Aunque no temo a Dios ni tengo consideración de nadie, como esta viuda no deja de molestarme, voy a tener que hacerle justicia, no sea que con sus visitas me haga la vida imposible».

Continuó el Señor: «Tengan en cuenta lo que dijo el juez injusto. ¿Acaso Dios no hará justicia a sus escogidos, que claman a él día y noche? ¿Se tardará mucho en responderles? Les digo que sí les hará justicia, y sin demora. No obstante, cuando venga el Hijo del hombre, ¿encontrará fe en la tierra?»".

En esa época, los jueces viajaban y escuchaban los casos en tiendas de campaña. La única manera en que los jueces pudieran escucharlo a uno era sobornando a algún empleados para que le llevara el caso al juez.

La viuda tenía mucho en contra (al igual que nosotras hoy como mujeres latinas):

- Era una mujer, y las mujeres estaban abajo en la escala social.

- Era pobre y no tenía dinero para sobornar a los empleados para que le llevaran el caso al juez.

- Pero también era **persistente**. Ella insiste e insiste y clama. Lo único que pide es justicia, no está pidiendo ninguna ventaja.

¡Yo me imagino que ella estaba enojada, y con justa razón! ¿No te enojas tú ante las injusticias que vives o que pasas? La injusticia, nos enoja, sobre todo si la sufrimos personalmente. Este pasaje no nos dice, pero imagínate, que le hubieran matado a un hijo. Si algo así te ocurre, ¿no estarías clamando al juez para que haga justicia?

¿Qué podemos aprender de la viuda? Nos enseña a ser perseverantes en la oración. Si no oramos, perdemos la esperanza y entonces nos damos por vencidos.

Esto no significa que se trata de cansar o de manipular a Dios, solo que él quiere nuestras oraciones. Y esto nos enseña a descansar en él, pues él traerá la justicia en el momento preciso, en su tiempo, no en nuestros tiempos.

Muchas veces nos desanimamos porque no entendemos el tiempo de Dios o sus propósitos y empezamos a preguntarnos: "¿Hasta cuándo? ¿Por qué ahora? ¿Cómo pudiste? Y retamos a la justicia y el propio **carácter de Dios.**

EL JUEZ INJUSTO Y EL JUEZ JUSTO

El juez injusto de este pasaje que no tenía temor de Dios, ni le importaban las personas, solo le responde a la viuda porque lo cansa.

A diferencia de este juez injusto, **Dios es un Dios de justicia**. Su nombre es Justicia; él es *elohei mishpat* (Isaías 30:18), que no tolera el pecado, que es el causante de la injusticia. Ese es el carácter de Dios.

En esta parábola la mujer que está abajo en la escala social acude al que está arriba. Y si este juez que es injusto, escuchó el caso de ella, a pesar de ser una mujer y extraña, cómo no nos escuchará el rey justo a nosotras, que no somos extrañas, sino sus hijas. Y llegará el día en el que él reinará de nuevo con verdad y justicia. ¿Te imaginas, un mundo en el que exista justicia?

¿En qué te has dado por vencida y necesitas retomar la oración?

LA PARÁBOLA NOS MUESTRA:

1. El carácter y el tiempo de Dios. El nombre de nuestro Dios es **justicia** y él va a obrar **en su tiempo perfecto.**

2. La perseverancia en la oración demuestra nuestra fe en el carácter de los atributos de Dios y en su tiempo para obrar. Cuando dejas de creer que tu oración será contestada, paras de orar. Eso significa que ya perdiste la esperanza, y más aún, que ya perdiste la fe.

Repito: ¿En qué te has dado por vencida y necesitas retomar la oración?

LA PURIFICACIÓN DEL TEMPLO

Veamos otro pasaje muy significativo para este tema, cuando Jesús limpia el templo y tira las mesas del mercado. Su indignación sorprende a muchos. ¿En qué basa Jesús su indignación? ¡En la injusticia!

En Marcos 11:15-18, RV60 dice: "Vinieron, pues, a Jerusalén; y entrando Jesús en el templo, comenzó a echar fuera a los que vendían y compraban en el templo; y volcó las mesas de los cambistas, y las sillas de los que vendían palomas; y no consentía que nadie atravesase el templo llevando utensilio alguno. Y les enseñaba, diciendo: ¿No está escrito: Mi casa será llamada casa de oración para todas las naciones? Mas vosotros la habéis hecho cueva de ladrones. Y lo oyeron los escribas y los principales sacerdotes, y buscaban cómo matarle; porque le tenían miedo, por cuanto todo el pueblo estaba admirado de su doctrina".

Jesús se enoja porque ve el comportamiento pecaminoso y la injusticia misma, pues las personas estaban siendo abusadas y engañadas, dentro de las que había muchas mujeres y viudas (como dice en Marcos 12:40); y porque también, convirtieron la religión en algo lucrativo.

No había nada anormal en que estuviera el mercado y las personas comprando animales para sacrificarlos, pues era la manera en que se hacían los sacrificios a Dios, con animales y únicamente en el templo.

Ahora veamos el contexto. Todo esto estaba pasando en un lugar en donde los pobres de Judea estaban siendo oprimidos, marginalizados y además explotados con una serie de impuestos a más no poder. La mayoría solo estaban sobreviviendo, apenas podían cubrir sus necesidades básicas.

El templo se había vuelto un monopolio para ofrecer los animales para los sacrificios y vendían estos animales a precios muy altos, haciendo imposible que las personas pobres pudieran comprar.

Allí estaban los cambistas inescrupulosos, cambiando monedas para todos los extranjeros que llegaban y de los que también se aprovechaban y cobraban tasas demasiado altas.

La mayoría de la gente era muy pobre, y todo esto se volvía en impedimentos para que las personas pudieran alabar a Dios.

En Jeremías 7:6 dice: no opriman al extranjero, al huérfano y a la viuda. Y esos es lo que estaban haciendo los cambistas en el templo.

Es a raíz de esto que los líderes religiosos deciden matar a Jesús, pues él ya había confrontado su religiosidad pero ahora estaba confrontando su dinero y eso no lo iban a permitir.

De manera que el enojo de Jesús fue dirigido claramente en contra de los cambistas y los que vendían palomas. Y la razón de esto era que el único animal que los pobres podrían comprar para hacer sacrificios, eran las palomas. Los pobres siempre eran explotados por los sistemas religiosos aristocráticos del templo.

Lo que originalmente se había creado para rendir sacrificios en alabanza a Dios, se había tergiversado de muchas maneras. Ahora era un negocio, y nada menos que un monopolio, pues el templo era el único lugar legítimo para hacer sacrificios. Por esta razón los cambistas y vendedores de palomas representaban los mecanismos concretos de opresión y de una economía política que explotaba a los pobres.

¿Entonces, cuál fue la reacción de Jesús? Protesta, tira las mesas, limpia las salas y no permite que nadie cargue mercadería en el templo. Esto no lo hizo solo, seguramente sus discípulos ayudaron para detener este comercio. Ciertamente fue un acto de resistencia, oponiéndose ante un sistema corrupto y de explotación, al que él mismo llamó "una cueva de ladrones".

¡Es importante que notemos que Jesús estaba peleando en contra de la injusticia, en contra de un sistema de opresión en contra de los pobres! Y es a raíz de esta protesta que él hace, que los escribas y los fariseos que ya buscaban excusa para matarlo, y poner en marcha el plan para crucificar a Jesús.

¿CÓMO VENCER LA INJUSTICIA?

1. Orando sin cesar, con perseverancia.

2. Activándonos, esto implica más que palabras, a hacer las buenas obras a las que Dios nos llama, a luchar sin cesar, como nos dice Isaías 1:17, LBLA: "Aprended a hacer el bien, buscad la justicia, reprended al opresor, defended al huérfano, abogad por la **viuda**".

Los tres elementos que debemos aplicar de este pasaje son:

a) Haciendo el bien. Dios es un Dios de justicia. Él es un Dios bueno y justo, que detesta el pecado y la injusticia.

b) Defendiendo al débil. Este pasaje incluye nuevamente a la viuda: Abogad por la viuda, defended al huérfano, nos pide que nos pongamos de parte del lado débil, a que

defendamos a los que sufren la injusticia, como nuestros hermanos de color, y como también lo sufre nuestra comunidad latina, que es vulnerable y oprimida.

c) Reprendiendo al opresor. ¿Cómo debe ser nuestra reacción frente al que comete la injusticia, frente al opresor? Nuestra labor es la de **reprenderlo,** ¡de oponernos al que comete la injusticia! Y el perfecto ejemplo lo vemos en Jesús cuando limpió el templo.

Esto significa que no debemos quedarnos callados, porque el silencio ante la injusticia es complicidad.

No se trata solamente de defender al débil, sino también reprender al opresor, y cuando sea el caso, llevarlo a que sea juzgado con leyes justas. Por eso debe existir todo un sistema de justicia que se aplique en contra del pecado y de la injusticia. En esta área específica, debemos velar a que las leyes sean justas (porque hay muchas que no los son) y acorde a las leyes de Dios, así también como su aplicación. Entre más acorde estén las leyes de los hombres con las leyes de Dios, más justo será el sistema que se aplique.

Mientras no exista justicia, **no habrá paz**. Así como sucedió cuando Salomón reinaba, que fue el juez más justo que existió en la tierra, fue el periodo que trajo más paz y prosperidad al pueblo de Israel, pues reinaba la justicia.

Como dice Isaías 32:17, DHH: *"La justicia producirá paz, tranquilidad y confianza para siempre"*.

No vivimos en un mundo perfecto. Siempre habrá pecado e injusticia y eso significa que como cristianos, tenemos un trabajo constante, que no acaba, de estar siempre defendiendo al débil; y a la vez, reprendiendo al que comete la injusticia en contra de la parte débil. Debemos abogar y exigir que existan leyes justas y que su aplicación sea también justa. Esto es un mandato de Dios.

Hasta que él venga a establecer su reino en la tierra, no habrá perfecta justicia, no podremos librarnos de las injusticias. Pero hasta que ese momento llegue, seguimos en la lucha, siempre recordando que Dios es justicia y que nos llama a nosotros a buscarla y a aplicarla de manera imparcial, con equidad y sin privilegios.

¡Es necesario obedecer a DIOS antes QUE A LOS HOMBRES!

— Hechos 5:29

10

DISTINGUIENDO LA LEY DE DIOS Y LA LEY DE LOS SERES HUMANOS

Vivimos en un mundo que opera por medio de leyes, que son necesarias para que prevalezca el orden, respeto y justicia. Las leyes se crean para regular situaciones, para prevenir o combatir injusticias. En toda ley vemos la letra de la ley, lo que está escrito; y el espíritu de la ley, que comprende algo más profundo y es la razón por la cual se ha legislado al respecto.

Esas son las dos partes que conforman la ley, pero muchas personas se olvidan del espíritu de la ley misma, queriendo tomar solamente la ley de manera literal, y se vuelven legalistas, como los fariseos. Entonces, queriendo cumplir la ley literalmente, fallan en cumplirla en su totalidad pues dejan a un lado su espíritu.

En Lucas 10, Jesús estaba enseñando acerca del buen samaritano y de cómo amar a nuestro prójimo, o a nuestro vecino, como a nosotros mismos. Entonces, un fariseo, deseando justificarse, le pregunta: ¿quién es mi vecino o prójimo? Jesús responde que el vecino es el que está próximo, con quien nos contactamos, no solo literalmente, aunque son también los de tu vecindario.

Si vemos el espíritu de la ley de Jesús aquí, nos llama a ser proactivos, a ayudar a las personas que lo necesitan, en donde sea que estén, en nuestro vecindario (pero no solamente allí) y más allá. Así que, al observar las leyes, debemos ver el conjunto, no solamente enfocarnos en cumplir la letra escrita, sino considerar también el espíritu de la ley.

Como cristianos, debemos observar las leyes de Dios y también las leyes del mundo, pues somos parte del mundo. Muchas veces en la vida, y a través de la historia, hemos visto contradicción entre ambas. Entonces, ¿qué pasa cuando encontramos este conflicto? ¿Cuál es la ley que prevalece y a cuál debemos obedecer? ¿Cómo reconciliamos estas diferencias?

Para responder a estas preguntas, es esencial que vayamos a la palabra de Dios, específicamente al capítulo 13 de Romanos. Este pasaje ha generado mucha controversia y se ha utilizado para justificar una doctrina puramente legalista, que apoya la obediencia absoluta a las leyes de los hombres (estén o no alineadas con la palabra de Dios; sean justas o no).

En Romanos 13:1-2, RV60, Pablo, después de haberse escapado y escondido de un gobernador en Damasco, nos escribe: "Sométase toda persona a las autoridades superiores; porque no hay autoridad sino de parte de Dios, y las que hay, por Dios han sido establecidas. De modo que quien se opone a la autoridad, a lo establecido por Dios resiste; y los que resisten, acarrean condenación para sí mismos".

Pedro, luego de haber sido liberado de prisión también escribe algo similar en 1 Pedro 2:13-14: "Sométanse por causa del Señor a toda autoridad humana, ya sea al rey como suprema autoridad, o a los gobernadores que él envía para castigar a los que hacen el mal y reconocer a los que hacen el bien".

¿Entonces, Pablo y Pedro eran unos hipócritas? ¿Violaban las leyes, y burlaban la autoridad, pero nos dicen que nos "sometamos a las autoridades"?

La clave de estos pasajes, está en el término "sumisión". La sumisión, también utilizada para oprimir a las mujeres en nombre de la ley de Dios, sale nuevamente a relucir en este pasaje, utilizándolo de igual manera, para oprimir a las personas bajo leyes injustas.

La palabra "sumisión" (al igual que en el pasaje de Efesios 5) no expresa "obediencia". Viene del griego "*hupo-kouo*", que significa "reconocimiento de una autoridad".

Pablo y Pedro hubieran podido usar la palabra "obediencia" pero no lo hicieron adrede, pues claramente esa no era su intención.

Pablo, Pedro —y tantos otros seguidores de Jesús— desobedecieron las leyes que estaban en contra de los mandatos de Dios y, aun así, se sometieron a las autoridades, aceptando las consecuencias legales de su desobediencia. Este es el meollo del asunto, que por seguir la palabra de Dios, y desobedecer a las autoridades, sufriremos consecuencias.

Así como hoy vemos muchos cristianos o activistas que protestan en contra de políticas, sistemas de opresión, desigualdad, y claman por justicia, desobedeciendo las leyes, por lo cual sufren persecución, son llevados a prisión, torturados o ejecutados.

¿Qué quiere decir esto entonces?

Dios es un Dios de orden, no es un Dios de caos. Es un Dios que promueve el orden y el respeto entre nosotros y ante las autoridades.

Existen ocasiones en las que, como seguidores de Cristo, seremos llamados a decir "NO" ante el mal y la injusticia y sufriremos las consecuencias. El pasaje de Romanos 13 **no** es una postura que promueve seguir ciegamente las leyes injustas, sino que advierte que afrontaremos persecución por ello.

LAS LEYES DE LOS SERES HUMANOS:

Las leyes humanas las crean los propios seres humanos, que son imperfectos, por lo tanto, pueden ser leyes imperfectas también.

Por eso es que encontramos en lo que legislan los seres humanos, unas leyes que son injustas y otras que son justas. No siempre son lo uno u otro, pero su distinción es clave.

Las leyes de los hombres algunas veces se fundamentan en la ley de Dios, y otras veces no. Y aquí podemos diferenciar con claridad cuándo una ley de los seres humanos es justa y cuándo no lo es.

LA LEY DIVINA DE DIOS

Como cristianas, sabemos que la ley de Dios es la superior. Es la ley que está arriba de toda ley. Es una ley siempre justa y perfecta, como todo lo que proviene de Dios. Pero necesitamos conocer esta ley para aplicarla y también aprender a interpretarla adecuadamente.

La ley de Dios que está en la Biblia, debe estudiarse e interpretarse adecuadamente:

- en su conjunto,

- en armonía con los demás pasajes bíblicos, es decir, que los pasajes bíblicos no se contradicen entre sí,

- tomando en cuenta el contexto histórico y social en el que se escribió.

Debe hacerse de esta manera, porque si se toma un pasaje **aislado** sin tomar en cuenta estos elementos, ha llevado a la **manipulación** de la Biblia y en el nombre de la Biblia y de Dios, se han cometido barbaridades y atrocidades, cuando ni Dios ni su Palabra han intervenido en nada con eso.

La Biblia es el libro **más poderoso** que existe. Hemos visto que la Palabra es poderosa, y el enemigo lo sabe. Entonces la estrategia más antigua ha sido manipular la palabra de Dios, engañar a través de la misma palabra. Si presentamos un pasaje diciendo "lo digo yo", no tiene tanto poder, como si digo: "lo dice Dios en su palabra". Esto adquiere un tremendo poder. Es la estrategia más antigua. Veamos cómo la serpiente engañó a Adán y a Eva con este mismo argumento: "... ¿Es verdad que Dios les dijo que no comieran de ningún árbol del jardín?" (Génesis 3:1).

Presentado así convence, somete y domina a otros. Tristemente, esto ha sucedido a través de la historia y continúa pasando, y es así como se ha manipulado la Biblia y en su nombre se ha causado mucho daño y se han cometido atrocidades.

¿QUÉ HACER CUANDO EXISTE CONTRADICCIÓN ENTRE LAS LEYES?

1) No somos de este mundo.

Hay que reconocer que a pesar de vivir en este mundo, no somos de este mundo y nuestra ciudadanía está en el cielo.

Filipenses 3:20, RVC, nos dice claramente: "Pero nuestra ciudadanía está en los cielos, de donde también esperamos al Salvador, al Señor Jesucristo".

En el reino de Dios, no hay fronteras, ni documentos que enseñar y esto nos libera a muchos, nos da esperanza de que vamos a estar en un reino perfecto y justo, sin fronteras, ni dolor, ni lágrimas, y en donde reinará un rey perfecto y justo.

Entonces, nuestra lealtad es siempre primeramente hacia el reino de Dios.

Lo que emana de un ser perfecto como lo es Dios, va a ser perfecto. Su ley, es la ley perfecta y es la que debemos seguir siempre.

2) Cuando exista contradicción.

Hechos 5:29 dice: "—¡Es necesario obedecer a Dios antes que a los hombres! —respondieron Pedro y los demás apóstoles—".

Al haber contradicción entre la ley de Dios y la ley de los seres humanos, nosotros como cristianos, estamos obligados a seguir la ley de Dios, no la ley de los hombres.

Al desobedecer una ley del hombre que contradiga la ley divina, sufriremos las consecuencias del mundo, pero no sufriremos las consecuencias divinas.

Vemos varios ejemplos de esto en la Biblia y a lo largo de la historia:

a) En el libro de Éxodo se menciona que las parteras o comadronas hebreas se rehusaron a seguir las terribles órdenes del faraón de matar a los bebés recién nacidos.

b) Las primeras personas que alabaron a Jesús cuando nació, los famosos reyes magos, deliberadamente desobedecieron las órdenes del rey Herodes, una ofensa criminal penada con la muerte, por no revelar el lugar en donde encontraron a Jesús.

c) Muchos discípulos, como el ejemplo de Pablo y Pedro que mencionamos, y muchos otros más seguidores de Cristo en la Biblia, fueron perseguidos, encarcelados y asesinados en nombre de Dios.

d) En la Segunda Guerra Mundial: cuando Hitler y el régimen de los nazis, exterminaron a millones de judíos en Alemania, en el nombre de la ley, los alemanes acataron órdenes del régimen. No cuestionaron ni tampoco se opusieron, a pesar de que era un crimen, que causó el genocidio de los judíos, incluyendo hombres, mujeres y niños.

Años después, fueron procesados todos los guardias partícipes de ese régimen, que en ese entonces acataron sin oposición las órdenes del régimen para realizar el genocidio de los judíos.

e) La esclavitud de la raza negra aquí en EE. UU., en donde era permitida la esclavitud, el ser propiedad de otros, sin derechos, sin dignidad ni respeto; y, sin embargo, legal y permitida.

Por eso, el reverendo y activista, Martin Luther King, puso en marcha el movimiento de los derechos civiles en Estados Unidos, luchó por la igualdad de derechos de los de raza negra, que no podían vivir en ciertas áreas, no podían ir a ciertos lugares, no tenían derecho a la educación, ni a votar. Vivian segregados, marginalizados, discriminados y oprimidos, todo esto en nombre de la ley.

f) ¡Y sin ir muy lejos en la historia, lo que está pasando aquí y ahora con los inmigrantes latinos! Lo que el gobierno actual hace con ellos, los abusos de derechos, todo eso es respaldado por una ley, que impide a los inmigrantes los mismos derechos que los demás, que se les trate con dignidad y respeto, y que no se los deshumanice. Las leyes migratorias actuales, permiten la separación de familias y que se cometan muchos abusos y opresión en contra de los inmigrantes. Si analizamos estas leyes, son injustas y están en contra de la ley de Dios.

3) La oposición.

En resumen, como cristianos, nuestro deber es oponernos y no acatar estas leyes. Martin Luther King, el gran defensor de los derechos de la comunidad afroamericana, en el Movimiento de los Derechos Civiles de este país decía: "Uno tiene la obligación legal, sino la responsabilidad moral de obedecer las leyes justas". A la inversa, uno tiene la responsabilidad moral de desobedecer las leyes injustas.

San Agustín, decía: "Una ley injusta no es ley. Una ley injusta es un código que no está en armonía con la ley moral".

Santo Tomás de Aquino decía: "Una ley injusta es una ley de los seres humanos que no está basada en la ley eterna y en la ley natural. Cualquier ley que levante el espíritu humano es justa. Cualquier ley que degrade el espíritu humano, es injusta".

Miqueas 6:8 nos dice: "¡Ya se te ha declarado lo que es bueno! Ya se te ha dicho lo que de ti espera el SEÑOR: Practicar la justicia, amar la misericordia, y humillarte ante tu Dios".

CONSECUENCIAS

¿Sufriremos consecuencias en el mundo, por no acatar las leyes de los hombres? Claro que sí, muchos enfrentan persecución, prisión e incluso muerte por oponerse.

La vida cristiana no es una vida fácil. Jesús nunca nos prometió esto.

Pero si no acatamos las leyes humanas injustas, estaremos en desobediencia con la ley de Dios.

¡Ya lo dice la palabra de Dios! ¡Dios es un Dios de justicia y tenemos que practicar la justicia y amar la misericordia!

¿POR QUÉ ES IMPORTANTE ESTE TEMA?

1) Dios es un Dios de orden y él nos da los mandatos que debemos seguir y obedecer. Es imperativo que conozcamos la verdad y la verdad está solamente en la palabra de Dios, que es la ley divina y está en la Biblia.

2) Aprende a escudriñar las riquezas que hay en la Biblia y a interpretarla correctamente para evitar manipulaciones y encontrar la voluntad de Dios.

3) Compara todo a la luz del carácter y vida que Jesús modeló para nosotros. Él es el único y el mejor ejemplo que debemos seguir siempre.

4) Observa y presta mucha atención al conjunto de la ley, a su letra, así como a su espíritu; así como al hecho de que las leyes de los seres humanos a través de la historia han sido imperfectas, injustas; y cuando así sea, no tenemos obligación de cumplirlas. Si algo contradice a la ley de Dios, entonces, como cristianas no estamos obligadas a acatarlas, sino más bien, estamos llamadas a oponernos. Como guerreras de Dios que somos, opongámonos ante la injusticia y luchemos para que la ley divina prevalezca.

5) Siempre van a existir consecuencias al desobedecer las leyes de los hombres, pero como cristianas, nuestra alianza y pleitesía, debe ser siempre hacia el reino de Dios.